Wirtschaftskreislauf und Volkswirtschaftliche Gesamtrechnung

Professor Dr. Wilfried Schultz

Inhaltsverzeichnis

A. Der Wirtschaftskreislauf

Lernziel:

> Dieser Abschnitt möchte Sie mit der Entwicklung des Wirtschaftskreislaufes vertraut machen.
>
> Sie sollen dann die Aufgabe und die Bedeutung des Wirtschaftskreislaufes zur Darstellung volkswirtschaftlicher Zusammenhänge erkennen und Anwendungsmöglichkeiten aufzeigen können.

I. Grundzüge des Wirtschaftsprozesses

Durch die zunehmende Arbeitsteilung in der modernen Volkswirtschaft wird ein immer stärkerer Austausch von Gütern und Leistungen zwischen einzelnen Wirtschaftseinheiten nötig. Wirtschaftseinheiten, wie Haushalte, Unternehmen, Staat u. a., können nicht mehr alle Güter und Leistungen selbst erstellen, die sie zur Deckung ihres Bedarfes benötigen und sind auf den Tausch mit anderen Wirtschaftseinheiten angewiesen. Täglich werden Entscheidungen darüber getroffen, welche Wirtschaftsgüter benötigt werden und welche man als Gegenleistung zu bieten bereit ist. Hierdurch werden Einzelprozesse ausgelöst, die in ihrer Gesamtheit den volkswirtschaftlichen Gesamtprozeß ausmachen.

Gäbe es nur zwei Wirtschaftssubjekte A und B, wäre ein Überblick ihrer Wirtschaftsbeziehungen sehr einfach; man würde feststellen, welche und wie viele Güter (a) von A an B geliefert würden und welche Mengen (b) er dafür von B empfängt:

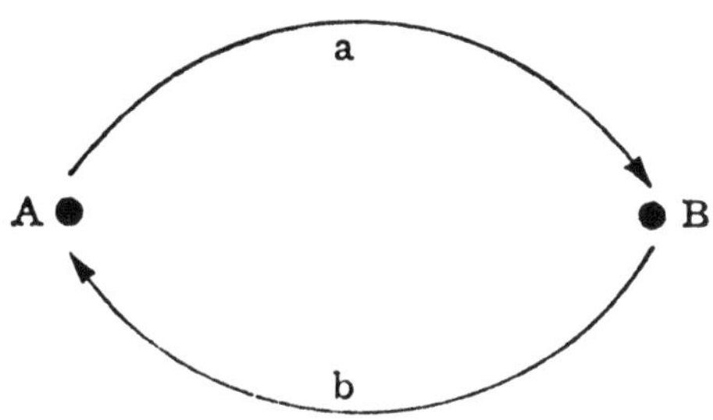

Abbildung 1: Zweipoliger Kreislauf

Die Wirtschaftspraxis ist ungleich komplizierter; das ökonomische Verhalten von Millionen Haushalten, tausender Unternehmen, staatlicher Instanzen und des Auslandes bestimmen den Ablauf des Wirtschaftslebens. Ihre Verflechtung quantitativ zu erfassen und darzustellen, ist Aufgabe der Volkswirtschaftlichen Gesamtrechnung.

Daß nicht jeder Austauschakt einzeln ausgewiesen werden kann, ist selbstverständlich.

Durch Aggregation, d. h. Zusammenziehen gleichartiger Wirtschaftseinheiten oder -vorgänge, werden diese auf ein überschaubares Maß reduziert.

Auch bei der Betrachtung eines Kolossalgemäldes ist, wie Wilhelm Krelle sagt, ein weiter Abstand erforderlich, durch den zwar Details unkenntlich werden, „die Komposition des Ganzen" aber deutlich wird.

II. Der Kreislaufgedanke

Die grundlegenden Überlegungen über den Wirtschaftskreislauf verdanken wir den sog. Physiokraten, Nationalökonomen des 18. Jahrhunderts, die den Boden als Quelle des Reichtums einer Nation besonders hervorhoben. Einer ihrer bedeutendsten Vertreter, der Arzt Francois Quesnay († 1774), stellte ein dem menschlichen Blutkreislauf vergleichbares Kreislaufschema der Wirtschaft auf, das er mit ökonomischen Schätzwerten der französischen Wirtschaft seiner Zeit zu veranschaulichen suchte.

Sein Schema unterscheidet **drei Gesellschaftsklassen:**

— die Bauern (la classe productive);

— die Grundbesitzer (la classe des propriétaires), hierzu zählen Adel und Geistlichkeit;

— alle übrigen Berufe (la classe sterile), hierzu zählen Handwerker, Händler und andere.

Zwischen diesen Klassen fließen Wertströme, die wie folgt angenommen werden:

Die Bauern produzieren jährlich für 5 Mrd. Livre Nahrungsmittel und Rohstoffe, von denen sie im Werte von 2 Mrd. Livre für den eigenen Lebensunterhalt und für Saatgut selbst benötigen; von den verbleibenden Gütern im Werte von 3 Mrd. Livre verkaufen sie für 2 Mrd. Livre an die Händler und Handwerker und für 1 Mrd. Livre an die Grundbesitzer.

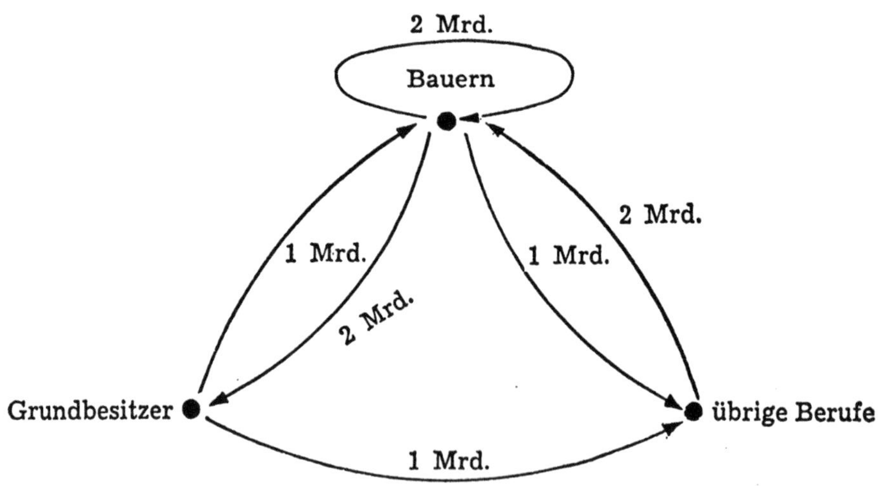

Abbildung 2: Das Kreislaufschema von Quesnay

Aus diesen Erlösen zahlen sie 2 Mrd. Livre an die Grundbesitzer (Pachten), und für 1 Mrd. Livre kaufen sie gewerbliche Produkte von den Handwerkern und Händler. Diesen wiederum fließt eine weitere Mrd. Livre zu durch Lieferung gewerblicher Güter an die besitzende Klasse. Damit ist der Kreislauf geschlossen; er ist ausgeglichen, wenn alle Einkommen wieder verausgabt werden.

Obgleich dieses Schema die ökonomischen Zusammenhänge einfach und übersichtlich verdeutlicht, erlangte es für lange Zeit keine praktische Bedeutung. Dies mag daran gelegen haben, daß die auch dieses Kreislaufsystem kennzeichnende physiokratische Gesellschaftsordnung und die besondere Produktivitätsauffassung bald überholt waren.

Erst Karl Marx († 1883) griff diese Kreislaufüberlegungen Quesnays wieder auf, als es ihm um die Klärung der Frage ging, wie das durch den Produktionsprozeß verzehrte Kapital wieder ersetzt wird. Er unterteilte den Produktionssektor in die Produktionsmittelabteilung (Abt. I) und die Konsumgüterabteilung (Abt. II). In beiden wird konstantes Kapital (c) eingesetzt für Fabrikgebäude, Maschinen, Rohstoffe, Vorprodukte sowie variables Kapital (v), mit dem die Arbeiter bezahlt werden. Der verbleibende Überschuß aus den Verkaufserlösen fließt den Kapitalisten als Mehrwert (m) zu (Monopollohntheorie). Hiernach ergibt sich folgender Kreislaufzusammenhang:

Die Abteilung II kauft Produktionsmittel (c_{II}) in der Abteilung I, die sich ihrerseits die für sie notwendigen Produktionsmittel (c_I) in den ihr vorgelagerten Produktionsstufen beschafft (intrasektoraler Strom). Gleichzeitig bezahlen beide Abteilungen die in ihnen beschäftigten Arbeiter (v_I und v_{II}) und erwirtschaften für die Kapitalisten den Mehrwert (m_I und m_{II}).

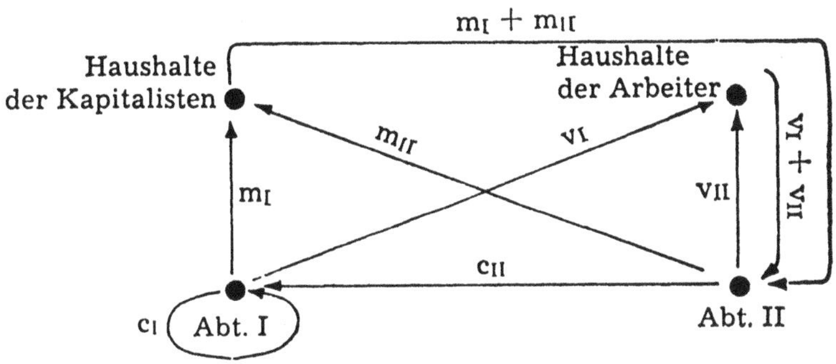

Abbildung 3: Das Kreislaufschema von Marx

Da die gesamten Einkünfte, die Löhne der Arbeiter und der erwirtschaftete Mehrwert der Kapitalisten, konsumiert und damit keine Spareinlagen für Investitionen zur Verfügung gestellt werden ($v_I + v_{II} + m_I + m_{II}$), handelt es sich um eine nicht wachsende, man spricht von einer stationären Wirtschaft.

Da Zu- und Abflüsse gleich sein müssen, gilt für Abt. I

$$c_I + c_{II} = v_I + m_I + c_I$$

und für Abt. II

$$v_{II} + m_{II} + c_{II} = v_I + m_I + v_{II} + m_{II}$$

in beiden Fällen also:

$$c_{II} = v_I + m_I \qquad (1)$$

d. h. der Wert der durch Abnutzung der Maschinen und Anlagen in Abt. II notwendigen Ersatzinvestitionen c_{II} ist gleich dem Wert der Arbeits- und Unternehmereinkommen in Abt. I.

Dieses Kreislaufmodell betrachtet Marx als Vorstufe für eine Untersuchung einer nichtstationären Wirtschaft, in der also positive Nettoinvestitionen erfolgen, d. h. mehr als nur Ersatzinvestitionen getätigt werden; wir können auch von einer wachsenden Wirtschaft sprechen. Das hierzu erforderliche Kapital setzt Konsumverzicht voraus, also Sparen, das der Marxschen Modellannahme gemäß von seiten der Unternehmer erfolgt. Diese werden nun ihr Einkommen $(m_I + m_{II})$ nicht mehr wie zuvor voll konsumieren, sondern zur Hälfte wieder investieren. Um das zu verdeutlichen, erweitern wir das vorherige Schema um den Pol „Vermögensbildung" und erhalten folgende Graphik:

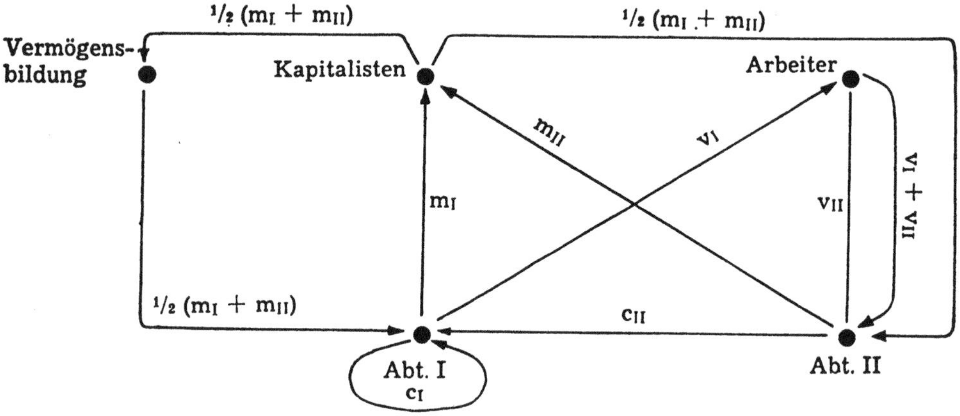

Abbildung 4: Das Kreislaufschema einer wachsenden Wirtschaft mit dem Pol „Vermögensbildung"

An die Stelle der Gleichgewichtsbedingung (1) für die Abteilungen I und II tritt in einer wachsenden Wirtschaft:

$$c_{II} + \frac{1}{2}m_{II} = v_I + \frac{1}{2}m_I$$

III. Darstellungsmöglichkeiten

In jedem Kreislaufschema unterscheidet man **Pole** und **Ströme**.

Ein Pol ist eine Wirtschaftseinheit, die in Austauschbeziehungen zu anderen steht.

Ein Pol kann eine Einzeleinheit, beispielsweise ein Haushalt oder ein Unternehmen oder eine Kommune sein, aber auch eine Gesamtheit, beispielsweise alle Haushalte, die Summe aller Unternehmen, der Staat als Ganzes, das Ausland.

Zwischen diesen Polen erfolgt ein Austausch von Geld- oder Gütereinheiten, deren Volumen pro Zeiteinheit (Monat, Quartal, Jahr) gemessen wird und die man als Ströme bezeichnet.

Da jeder Strom, der einen Pol verläßt, in einen anderen ohne Verlust mündet, gilt:

Die Summe der einfließenden Ströme ist immer gleich der Summe aller ausfließenden Ströme.

Die **Zahl der Ströme** hängt nun ab von der Zahl der Pole (n); haben wir ein vierpoliges Kreislaufsystem, so kann es 12 Ströme geben:

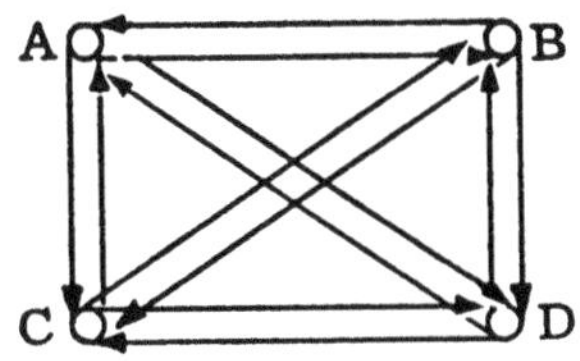

Abbildung 5: Vierpoliges Kreislaufschema mit zwölf Strömen

Sie errechnen sich nach der Formel: $n(n-1)$.

Berücksichtigt man, daß auch polinterne Ströme existieren (einen Teil ihrer Agrarprodukte verbraucht die Landwirtschaft selbst; auch die Investitionsgüterindustrie benötigt einen Teil ihrer Produkte), dann existieren n^2 Ströme.

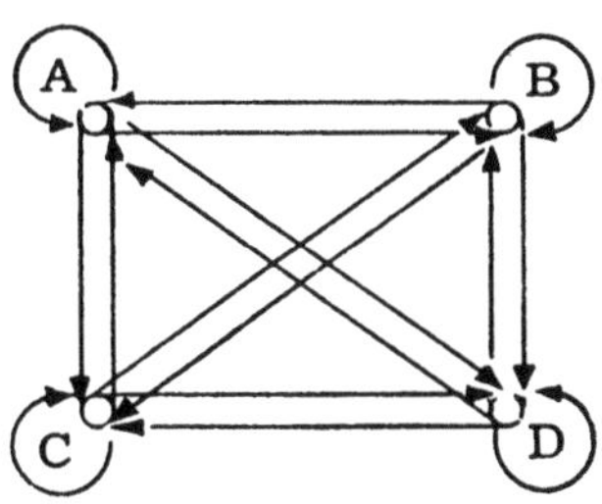

Abbildung 6: Vierpoliges Kreislaufschema mit sechzehn Strömen

Genügt für eine Untersuchung der Nettoaustausch zwischen zwei Polen, so können die gegenläufigen Ströme saldiert werden; die Zahl der Saldenströme beträgt dann:

$$\frac{n(n-1)}{2}$$

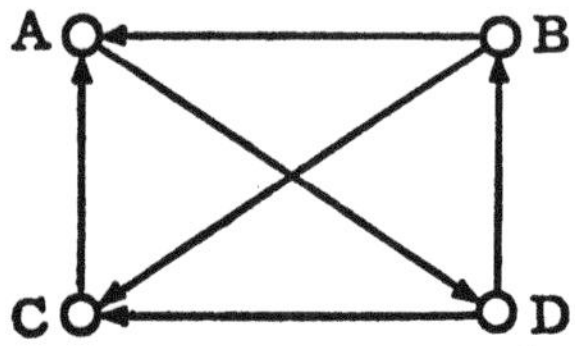

Abbildung 7: Vierpoliges Kreislaufschema mit sechs Strömen

Die bisher gewählte Darstellungsformen des Wirtschaftskreislaufs bezeichnet man auch als **graphische Methode.** Diese Form ist die einfachste und wird unserer Vorstellung von einem Kreislauf optisch am ehesten gerecht. Sicher gelten diese Vorzüge nur so lange, wie die Zahl der einbezogenen Wirtschaftseinheiten (Pole) und die sie verbindenden Austauschbeziehungen (Ströme) nicht zu groß ist.

Sie können dies selbst ausprobieren, wenn Sie den Kreislauf von Abbildung 4 um einen Pol erweitern, indem Sie die Abt. II aufteilen in den Pol Abt. II a (Luxusgüter) und den Pol Abt. II b (lebensnotwendige Güter).

Eine andere Darstellungsweise ist die **Kontenform.** Sie wird besonders dann verständlich sein, wenn Ihnen Buchführung aus der kaufmännischen Praxis geläufig ist. Stellen wir jeden Pol als Konto dar, so wird jeder zufließende Geldstrom auf der Haben-Seite, jeder abfließende Geldstrom auf der Soll-Seite erfaßt. Wählen wir zur Verdeutlichung den Quesnayschen Kreislauf der Abbildung 2, so ergibt sich folgendes Bild:

	Landwirtschaft		Grundbesitzer		übrige Berufe	
Eigenverbrauch der Landwirtschaft	2	2				
Verkäufe der Landwirtschaft an die Grundbesitzer		1	1			
Verkäufe der Landwirtschaft an die übrigen Berufe		2			2	
Pachtzahlung an die Grundbesitzer	2			2		
Kauf gewerblicher Produkte durch die Landwirtschaft	1					1
Kauf gewerblicher Produkte durch die Grundbesitzer			1			1
	5	5	2	2	2	2

Abbildung 8: Der Quesnaysche Kreislauf in Kontenform

Wir stellen fest:

Jedes Konto ist ausgeglichen, d. h. in jedem Pol, oder auf jedem Konto, ist ebensoviel zu- wie abgeflossen.

Zwar geht bei dieser Darstellung der bildliche Eindruck des Kreislaufs verloren, andererseits aber ist einleuchtend, daß auf diese Weise weit mehr Pole erfaßt werden können. Da hier jede Transaktion zwischen den einzelnen Wirtschaftssektoren erfaßt wird, eignet sich diese Darstellungsform besonders dann, wenn man die Entwicklung und Verflechtung eines Pols genauer analysieren will. Bei einem größeren Umfang des Kontensystems geht aber auch hier der Überblick verloren, die Aussagekraft verringert sich zunehmend.

Gerade dieser letzte Nachteil legte die Anwendung einer anderen Darstellungsform nahe: die **tabellarische Erfassung.** Wir bezeichnen diese Darstellung auch als **Matrix.** Sie hat den Vorteil, auch bei einer Vielzahl von Polen noch übersichtlich zu sein. Wählen wir ein dreipoliges System, so ist S_{12} der Strom, der von Pol_1 nach Pol_2 fließt; gibt umgekehrt Pol_2 an Pol_1 ab, so ist dieser Strom S_{21} gekennzeichnet.

	Empfangende Sektoren 1	2	3	Zeilen-summe	
Gebende Sektoren 1	S_{11}				→ Sektor 1 gibt an Sektor 1 (Eigenverbrauch)
2			S_{23}		→ Sektor 2 gibt an Sektor 3
3		S_{32}			→ Sektor 3 gibt an Sektor 2
Spalten-Summe					

Abbildung 9: Ein dreipoliger Kreislauf als Matrix

Nochmals wollen wir den Quesnayschen Kreislauf als Beispiel wählen, aber diesmal mit Hilfe einer Matrix dargestellt.

	Landwirt.	Grundbes.	übr. Berufe	Σ
Landwirtschaft	2	2	1	5
Grundbesitzer	1	—	1	2
übrige Berufe	2	—	—	2
Σ	5	2	2	

Abbildung 10: Der Quesnaysche Kreislauf als Matrix

Erinnern wir uns: Bei jedem Pol soll die Summe der zufließenden gleich der Summe der abfließenden Ströme sein; dies finden wir auch an dieser Matrix bestätigt:

Die Summe der 1. Zeile (gegebene Posten) ist gleich der Summe der 1. Spalte (empfangene Posten).

Diese Darstellungsform macht recht übersichtlich das Verhältnis der einzelnen Sektoren zueinander deutlich; dazu ein **Beispiel:**

Wir tragen in der ersten Zeile die Leistungen ein, die von der Landwirtschaft anderen Sektoren zufließen, den sog. Output der Landwirtschaft; die erste Spalte enthält die Leistungen, die die Landwirtschaft von anderen Sektoren empfängt, den sog. Input der Landwirtschaft.

	Land-wirtsch.	Nahrgm. Ind.	Chem. Ind.	Masch. Ind.	Haus-halte	Σ
Landwirtschaft	30	250	5	—	65	350
Nahrungsm.-Ind.	80					
Chem. Industrie	40					
Masch.-Industrie	100					
Haushalte	100					
Σ	350					

Abbildung 11: Input-Output-Tabelle

Die Zeilensumme gibt die Leistung der Landwirtschaft in einer Zeitperiode an; dazu waren aber die Leistungsbeiträge anderer Wirtschaftssektoren (1. Spalte) erforderlich. Den unterschiedlichen Anteil kann man errechnen, indem man den Sektorbeitrag in Beziehung setzt zum gesamten Produktionswert des empfangenden Sektors. War dieser in der Landwirtschaft 350 GE und lieferte die chem. Industrie Güter im Werte von 40 GE (Düngemittel, Schädlingsbekämpfungsmittel u. a.), so beträgt das Verhältnis:

$$\frac{40}{350} = \frac{4}{35} = 0{,}11428$$ Anteil der chem. Industrie pro. Einh. landwirtschaftl. Produktionswert

Diese Größe nennt man den **Input-Koeffizienten;** allgemein formuliert:

$$\frac{\text{Wert, der von Pol i nach Pol j fließt}}{\text{Wert, der in Pol j erbracht wird}}$$

Trägt man statt der absoluten Zahlen die jeweiligen Input-Koeffizienten ein, so erhält man die **Strukturmatrix.** Sie gibt wichtige Aufschlüsse im zeitlichen Vergleich. Erhöht sich ein Koeffizient, dann bedeutet das, daß der Anteil des Input-Produktes am Output des Sektors zugenommen hat. Hierbei kann eine mengenmäßige Erhöhung vorliegen; dann muß aber ein anderes Input-Gut relativ abgenommen haben. Die Möglichkeit zu einer derartigen Ersetzung, wir sprechen von der sog. Substitution, ist immer dann gegeben, wenn eine variable Produktionsfunktion vorliegt. Eine Produktionsfunktion gibt die funktionale Beziehung zwischen der Produktionsausbringung und den eingesetzten Produktionsfaktormengen an. Eine variable Produktionsfunktion liegt somit vor, wenn die Herstellung einer bestimmten Produktmenge mit verschieden kombinierten Faktoreinsatzmengen möglich ist. Liegt dagegen eine Produktionsfunktion vor, bei der die Faktoreinsatzmengen nicht verschieden kombiniert werden können, wir sprechen von einem fixen Faktorverhältnis, so ist diese Substituierbarkeit nicht gegeben.

Eine Erhöhung des Input-Koeffizienten kann aber auch auf Preissteigerungen eines Einsatzgutes zurückzuführen sein, ohne daß sich die Menge verändert hat. In solchen Fällen wird man sich bemühen, die Menge des verteuerten Input-Gutes zu reduzieren und billigere Input-Güter einzusetzen, wobei die Anpassungsdauer natürlich von der Substitutionsmöglichkeit abhängt. Ein Beispiel für diesen Prozeß bietet die Landwirtschaft: Seit Kriegsende läßt sich feststellen, daß sich der Input-Koeffizient für den Maschineneinsatz in der Landwirtschaft erhöht, der des Arbeitskräfteeinsatzes vermindert hat.

IV. Aufgabe und Bedeutung der Kreislaufforschung

Wir sprechen von der Wirtschafts*entwicklung*: diese kann positiv oder negativ sein, d. h. die Wirtschaft kann wachsen, aber auch schrumpfen.

Im ersten Falle werden wir daran interessiert sein, diese Entwicklung zu fördern; im zweiten, sie zu verhindern oder rückgängig zu machen. Dazu muß man die Wirkungszusammenhänge ökonomischer Größen kennen, und zwar nicht nur der Tendenz nach, sondern auch quantitativ. Ersteres läßt sich theoretisch erarbeiten, letzteres zunächst allenfalls schätzen. Erhöhen wir z. B. das Volkseinkommen, eine Kennzahl der volkswirtschaftlichen Gesamtrechnung, auf die wir im nächsten Kapitel ausführlich eingehen werden, so wird die Nachfrage steigen; aber um wieviel? Dies zu wissen, ist wichtig, weil ihr Umfang die Steigerung der Produktion und der Beschäftigung bestimmt. Angaben hierüber fallen uns leichter, wenn wir zuvor in einer Untersuchung des Wirtschaftskreislaufs, ebenso wie bei der Buchführung eines Unternehmens, die volkswirtschaftlichen Zahlen erfaßt und geordnet haben, wenn wir auf nationaler Ebene „buchgeführt", d. h. eine **Volkswirtschaftliche Gesamtrechnung** aufgestellt haben. In ihr sind statistische Unterlagen der *vergangenen* Wirtschaftsperioden enthalten, wir sprechen von Ex-post-Werten, deren Analyse uns zwar keine sicheren Zukunftsgrößen liefert, die uns aber eine Vorhersage wesentlich erleichtert. Weiß ich aus früheren Perioden z. B., wieviel vom monatlichen Einkommen für Konsumzwecke ausgegeben wurde, kann ich in etwa ermessen, welche Wirkung eine Einkommenssteigerung auf die Konsumausgaben hat. Im nachhinein läßt sich dann das tatsächliche Ergebnis feststellen. So lassen sich Prognosen, aber auch zunächst angenommene Bezugsverhältnisse bestätigen (verifizieren), sie können sich aber auch als falsch erweisen (falsifizieren). Gleichzeitig können die Ergebnisse der Volkswirtschaftlichen Gesamtrechnung Anlaß zu neuen wirtschaftstheoretischen Überlegungen sein.

Beispiel:

Wir wissen, daß eine Kostensenkung die Gewinnsituation der Unternehmer verbessert und die Investitionsneigung erhöht. Ist man nun aus konjunktur- und beschäftigungspolitischen Gründen an einer Belebung der Gesamtnachfrage, also auch der Nachfrage nach Investitionsgütern, interessiert, so wäre eine Senkung der Kreditzinsen anzuraten. Wird diese Maßnahme ergriffen und einige Zeit später das Ergebnis statistisch untersucht, so kann es sein, daß keinerlei Steigerung der Investitionsgüternachfrage eingetreten ist.

Untersucht man die Gründe, so können negative Zukunftserwartungen der Unternehmer den Zinsanreiz verdrängt haben, das Kapital kann ins Ausland zu höherer Verzinsung abgeflossen sein u. a.

Ergebnis: Die Investitionslehre wird nicht allein auf den Zins abstellen, sondern ein System von Wirkungseinflüssen verschiedenster Art entwickeln.

Die volkswirtschaftliche Gesamtrechnung ist aber nicht nur für die Wirtschaftsforschung, sondern auch für Unternehmerschaft und Staat von Bedeutung. Die Unternehmer planen in die Zukunft; da sie ungewiß ist, suchen sie nach Orientierungshilfen. Diese sind notwendig, um sich den ständig veränderten Bedingungen anzupassen. Stellt man strukturelle Veränderungen der Wirtschaftszweige fest, kann es für den Unternehmer ratsam sein zu expandieren, um z. B. auf eine erhöhte Nachfrage durch Angebotssteigerung zu reagieren und überdies seinen Marktanteil zu halten, oder umgekehrt bei Nachfragerückgang die Kapazitäten zu drosseln und damit verfehlte Überinvestitionen (Kapitalfehlleitung) zu vermeiden. Derart bedeutsame Veränderungen sind auch für den Staat wichtig, wenn man bedenkt, daß die öffentliche Hand mit über 40 % an den von einer Volkswirtschaft hervorgebrachten Gütern und Leistungen beteiligt ist. Angesichts seiner wirtschaftspolitischen Aufgabe sowohl Überhitzungen wie Depressionen zu verhindern, ist der Staat auf regelmäßige Informationen über Ist-Zustand und Tendenz der wirtschaftlichen Entwicklung angewiesen, dies um so mehr, als ein zweckmäßiger Einsatz seines Instrumentariums auch entscheidend vom gewählten Zeitpunkt abhängig ist. Darüber hinaus bedient sich der Staat der Volkswirtschaftlichen Gesamtrechnung aber auch dann, wenn er die Wirkungsintensität der von ihm eingesetzten Mittel erfahren möchte, um gegebenenfalls seine Maßnahmen noch zu verstärken oder zu reduzieren. Dies gilt auch für die Notenbank, die einerseits den Geldwert stabil halten soll, andererseits die Maßnahmen des Staates mit ihrem kreditpolitischen Instrumentarium zu unterstützen hat, z. B. durch die Diskont-, Mindestreserven-, Offenmarktpolitik.

Die Notenbank stellt sogar eigene Untersuchungen an, die sie in ihren Monatsberichten, besonders im jährlichen „Geschäftsbericht der Deutschen Bundesbank" veröffentlicht.

V. Angewandte Kreislaufbeziehungen

1. Produktionskonto der Unternehmung / Einkommenskonto des Haushalts

Die Unternehmungen und die Haushalte sind nur zwei Sektoren im Pol-System des Wirtschaftskreislaufs, aber, gemessen am Wert der sie durchfließenden Ströme, sehr wichtige. Sie waren der Übersichtlichkeit wegen zu jeweils einer Einheit zusammengefaßt worden, die prinzipielle Gleichartigkeit hat uns dazu berechtigt.

Welche Beziehungen zu anderen Wirtschaftseinheiten kennzeichnet nun ein Unternehmen?

Es produziert Güter, die z. T. verkauft werden, z. T. aber auch als selbsterstellte Anlagen oder als Lagerbestandserhöhung im Unternehmen bleiben. Sie können nach dem Verwendungszweck in Investitions- und Konsumgüter unterteilt werden und dann nochmals nach dem Empfänger: Haushalte, Unternehmen, Staat und Ausland. Diese Positionen werden auf der rechten Seite des Produktionskontos der Unternehmung eingetragen; die Werte richten sich bei den verkauften Gütern nach den Marktpreisen, für die im Unternehmen verbleibenden Güter werden die Herstellungskosten eingesetzt. Auf der linken Seite des Kontos erscheinen zunächst die Vorleistungen wie Roh-, Hilfs-, Betriebsstoffe, die von anderen inländischen Unternehmungen, aber auch aus dem Ausland stammen können, ferner die Abschreibungen, die wir hier als Verschleiß von dauerhaften Produktionsmitteln definieren wollen, Steuern und die gegebenenfalls von ihm erhaltenen Subventionen.

Ermittelt man nun den Saldo beider Kontenseiten, so erhält man die Wertschöpfung. Hierunter versteht man die an die Haushalte fließenden Löhne, Gehälter, Zinsen, Dividenden, aber auch die in den Unternehmen verbleibenden nichtausgeschütteten Gewinne. Sie sind das Entgelt für den Einsatz von Faktorleistungen und werden daher auch **Faktoreinkommen** genannt.

Produktionskonto der Unternehmen

1. Vorleistungen von a) inländischen Unternehmungen b) Ausland	1. Verkauf von Konsumgütern
2. Abschreibungen	2. Verkauf von Investitionsgütern und Vorleistungen an a) Unternehmen b) Staat c) Ausland
3. Indirekte Steuern ./. Subventionen	3. Selbsterstellte Anlagen
4. Wertschöpfung a) Löhne + Gehälter b) Zinsen + Dividenden c) ausgeschüttete Gewinne d) nichtausgeschüttete Gewinne	4. Bestandsveränderung halbfertiger und fertiger Erzeugnisse

Abbildung 12

Diese Faktoreinkommen, die aus dem Produktionsprozeß stammen, stellen zugleich den größten Teil der Haushaltseinkünfte dar. Zu diesen Einkommen aus selbständiger und unselbständiger Arbeit sowie aus Vermögen (Sparbuch, Wertpapiere u. a.) können noch Transferzahlungen fließen, Einkommen ohne Gegenleistung wie z. B. Renten und Pensionen. Wenn auch die Mehrzahl aller Haushalte nur eine Haupteinkommensquelle hat, von einem oder mehreren Beziehern, so erhalten viele bereits mehrere Einkommensarten. Hiervon bleibt, nach Abzug der direkten Steuer, das verfügbare Einkommen, das teils für Konsumzwecke verausgabt wird, zum Teil auch gespart wird.

Das Einkommenskonto des Haushalts hat hiernach folgendes Aussehen:

Einkommenskonto der Haushalte

1. Direkte Steuern	1. Einkommen aus Faktoreinsatz
2. Verfügbares Einkommen a) für Konsumgüter b) für Sparzwecke	2. Einkommen aus Transferzahlungen

Abbildung 13

Sollten die Ausgaben das Einkommen übersteigen, so würde sich auf der rechten Seite des Kontos ein Saldo bilden, der entweder aus Sparleistungen früherer Perioden oder durch Kreditaufnahme finanziert werden kann. Im zweiten Falle würde das Vermögenskonto des Haushalts belastet und müßte durch Sparleistungen in den folgenden Perioden ausgeglichen werden.

2. Nationales Produktionskonto / Nationales Einkommenskonto

Das eigentliche Interesse der Volkswirtschaftlichen Gesamtrechnung geht über die einzelwirtschaftlichen Konten hinaus zu den gesamtwirtschaftlichen Größen. Man erhält sie durch Zusammenziehung der Einzelkonten zu einem Gesamtkonto des jeweiligen Sektors, d. h., man addiert alle Produktionskonten und findet so das **nationale Produktionskonto** und addiert alle Einkommenskonten und findet das **nationale Einkommenskonto.** Dabei ergeben sich im Kontenaufbau keine wesentlichen Änderungen, lediglich die Position Vorleistungen fällt fort, da der Verkauf von Vorleistungen auf dem Produktionskonto der Firma A auf der rechten Seite gebucht wird, auf dem Produktionskonto der Empfängerfirma B dagegen auf der linken Seite, und zwar in gleicher Höhe. Faßt man nun beide Konten zusammen, so heben sich beide Buchungen gegeneinander auf.

Nationales Produktionskonto

1. Abschreibung	1. Konsum der Haushalte
2. Indirekte Steuern ⁒ Subventionen	2. Konsum des Staates
3. Volkseinkommen	3. Bruttoinvestition a) privat b) staatlich
	4. Außenbeitrag (Export ⁒ Import)

Abbildung 14

Durch ähnliche Zusammenziehung, wir sprechen auch von Konsolidierung, erhält man das Nationale Einkommenskonto. Hierbei ist zu berücksichtigen, daß auch der Staat Einkommensempfänger ist. Ihm fließen die direkten Steuern zu, ebenso die indirekten, abzüglich der Subventionen und Einkünfte aus Unternehmungen, die ihm gehören oder an denen er beteiligt ist. Diese Gelder werden nun zum Teil konsumiert, gespart oder ohne direkte Gegenleistung, wir sprechen von Transferzahlungen, den privaten Haushalten übertragen. Dort erscheinen sie dann auf der Kontengegenseite (rechts) und können aufgerechnet werden, wenn man die Einkommenskonten der privaten Haushalte und des Staates zusammenfaßt. In gleicher Weise geschieht das mit den direkten Steuern, die auf dem Haushaltskonto links, auf dem Staatskonto rechts erscheinen und sich gegeneinander aufrechnen lassen.

Nationales Einkommenskonto

1. Konsum der Haushalte	1. Volkseinkommen
2. Konsum des Staates	2. Indirekte Steuern ./. Subventionen
3. Ersparnisse	
a) der Haushalte	
b) der Unternehmen	
c) des Staates	

Abbildung 15

3. Das Verhältnis von Sparen und Investieren

Der gesamtwirtschaftliche Ablauf ist, außer durch Produktionsprozesse und Einkommensströme, auch durch Veränderungen der volkswirtschaftlichen Vermögensausstattung gekennzeichnet. Eine Erhöhung tritt ein, wenn die Wertschöpfung einer Periode nicht voll konsumiert wird, d. h., wenn die Haushalte einen Teil ihrer Einkommen nicht ausgeben. Der Gegenwert in Form von Produktionsmitteln und Lagerbeständen verbleibt dann im Unternehmenssektor. Damit kann dann in der nächsten Periode der Produktionsumfang ausgedehnt werden; wir sprechen dann von einer wachsenden Wirtschaft. Wird dagegen alles konsumiert und lediglich in Höhe der Abschreibungen investiert bzw. gespart, so bleibt die Leistungsfähigkeit der Wirtschaft auf ihrem bisherigen Stand; man spricht dann von einer stationären Wirtschaft. Wird nicht einmal dieses Investitions-Niveau gehalten, d. h. wird das ganze Einkommen ausgegeben und nicht gespart, so liegt eine schrumpfende Wirtschaft vor. Das Sparverhalten und die damit verbundenen Investitionsmöglichkeiten sind somit von entscheidender Bedeutung für das zukünftige Leistungsniveau einer Volkswirtschaft.

Wichtige Erkenntnisse über das Verhältnis von Sparen und Investieren verdanken wir dem englischen Nationalökonom John M. Keynes. Angeregt durch die Weltwirtschaftskrise der 30er Jahre, waren er und andere Wissenschaftler bemüht, ein Konzept zu entwickeln, um diese Krise zu überwinden. Hierbei trat die Kreislauftheorie wieder in den Vordergrund, die in der Zeit nach Marx etwas vernachlässigt worden war. Da die Nachfrage nach Investitionsgütern ein wichtiger Bestandteil der volkswirtschaftlichen Gesamtnachfrage ist und mit dem Sparvolumen in Verbindung steht, ist ihr Beziehungsverhältnis von Bedeutung.

Zur graphischen Darstellung sei zunächst ein dreipoliges Kreislaufsystem gewählt, mit den Polen: Unternehmungen (U), Haushalte (H) und Vermögensbildung (V) und den Strömen: Einkommen (Y), Konsum (C), Sparen (S), Investitionen (I).

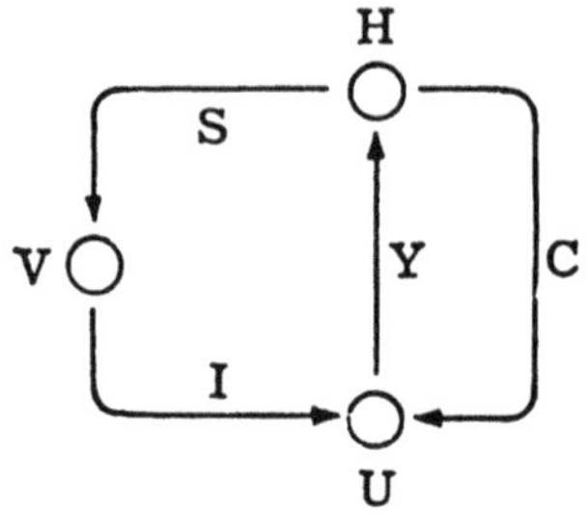

Abbildung 16: Die Beziehung von Sparen und Investition im dreipoligen Kreislauf

Da für die Haushalte (H): $Y = C + S$ und
für die Unternehmungen (U): $Y = C + I$ gilt, muß
(1) $S = I$ sein (vgl. Pol V).

Diese Identität von Sparen und Investieren gilt immer, auch dann, wenn wir annehmen, daß gelegentlich das Sparvolumen der Haushalte größer ist als das geplante Investitionsvolumen der Unternehmer. Dann bilden sich unverkaufte Vorräte, die unbeabsichtigte Lagerinvestitionen sind.

Die Haushalte lassen sich unterscheiden nach ihren Einkommensarten. Die einen bieten die Produktionsfaktoren Boden, Arbeit und Kapital an und erhalten hierfür die Faktoreinkommen Rente, Lohn und Zins (Faktoreinkommen (F)); den eigentlichen Unternehmern fließt für ihre dispositive Tätigkeit ein residuelles Einkommen zu, das ist der Rest vom Erlös nach Abzug der Kosten, wir bezeichnen diese Größe als Gewinn (Q). Der gesamte Einkommensstrom (Y) setzt sich somit zusammen aus:

$$Y = F + Q$$

Da beide Einkommensempfängergruppen konsumieren und sparen, ergibt sich unter Berücksichtigung von (1) folgender Kreislauf:

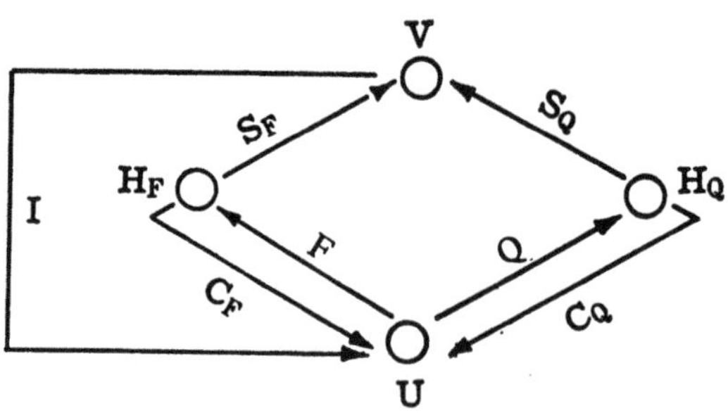

Abbildung 17: Die Beziehung von Sparen und Investition bei Aufteilung des Poles: Haushalt

$$\text{Da (2)} \quad I = S_F + S_Q \text{ und}$$
$$Q = C_Q + S_Q$$
$$\text{(3) also } S_Q = Q - C_Q \text{ ist, ergibt (3) in (2)}$$
$$I = S_F + Q - C_Q \text{ oder}$$
$$\text{(4)} \quad Q = I - S_F + C_Q;$$

Der Unternehmergewinn ist also gleich der Gesamtinvestition abzüglich (—) des Sparvolumens der Faktoreinkommensbezieher zuzüglich (+) des Unternehmerkonsums.

Würde man die Investitionen und den Unternehmerkonsum steigern, so würde dadurch der Unternehmergewinn erhöht; geschmälert würde er dagegen, wenn die Bezieher von Faktoreinkommen, insbesondere die Arbeitnehmer, mehr sparen würden.

Letzteres würde das Verteilungsverhältnis zugunsten der Lohneinkommensbezieher verbessern. Andererseits ist aber zu bedenken, daß Gewinnschmälerung die unternehmerischen Investitionen verringert, und so Volkseinkommen und Beschäftigung zurückgehen.

Hier deutet sich an, daß zwischen dem sozialpolitischen Ziel einer Angleichung der Verteilungsverhältnisse und dem wirtschaftspolitischen Ziel der Einkommens- und Beschäftigungssteigerung ein antinomisches Verhältnis besteht.

Das obige Gleichungssystem läßt sich auch nach F auflösen und analog interpretieren:

$$I = S_F + S_Q$$
$$F = S_F + C_F$$
$$\text{da} \quad S_F = F - C_F$$
$$\text{folgt: } I = F - C_F + S_Q, \text{ oder}$$
$$F = I - S_Q + C_F$$

4. Zwei Kreislaufanalysen

a) Modell einer stationären Wirtschaft

In der Wirtschaftswissenschaft unterscheidet man evolutorische und stationäre Wirtschaften. Die ersten wachsen oder schrumpfen, während die letzteren stagnieren.

Von entscheidender Bedeutung sind in diesem Zusammenhang die Investitionen; Nettoinvestitionen, das sind die Investitionen, die über den Ersatz abgenutzter Maschinen und Anlagen hinausgehen, erweitern die volkswirtschaftliche Kapitalausstattung und steigern so die Leistungsfähigkeit. Diese aber hängen ihrerseits vom Sparen ab; unterbleibt dies, d. h., wird das gesamte Einkommen konsumiert, so liegt eine stationäre Wirtschaft vor. Bei ihrer Darstellung können wir auf das Konto oder den Pol „Vermögensbildung" verzichten. Schließen wir ferner staatliche Aktivitäten und Außenhandelsbeziehungen aus, so haben wir es mit einem einfachen Wirtschaftskreislauf zu tun; er umfaßt lediglich Unternehmen, die Konsumgüter produzieren und Faktoreinkommen zahlen (die Investitionsgüterindustrie beschränkt sich auf die Erneuerung der abgenutzten Produktionsmittel), und Haushalte, die Faktoreinkommen beziehen und dies für Konsumgüter ausgeben.

Äußerer Kreislauf: Güterkreislauf
Innerer Kreislauf: Geldkreislauf

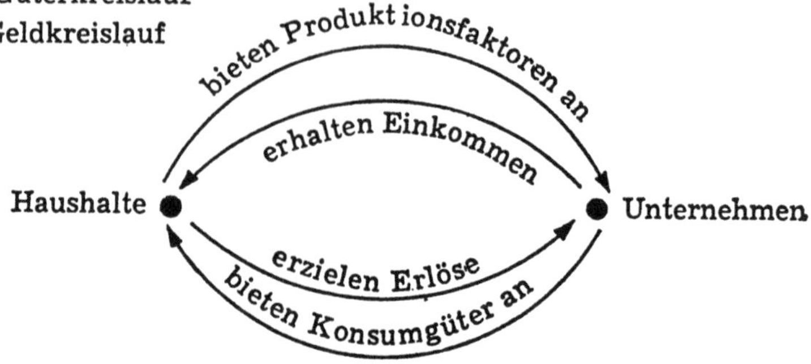

Abbildung 18: Kreislauf einer stationären Wirtschaft

Dieses Modell kann schrittweise der Realität angepaßt werden; wir beschränken uns hier nur auf die G e l d s t r ö m e :

1. Schritt: Beziehen wir die Aktivitäten des Staates in die Betrachtung mit ein, sprechen wir von einer stationären, geschlossenen Wirtschaft mit Staatstätigkeit;

2. Schritt: Gehen wir davon aus, daß gespart und investiert wird, sprechen wir von einer evolutorischen geschlossenen Wirtschaft mit Staatstätigkeit;

3. Schritt: Werden Außenhandelsbeziehungen angenommen, sprechen wir von einer evolutorischen, offenen Wirtschaft mit Staatstätigkeit.

Zum besseren Verständnis sollten Sie sich die Modelle für den 1. und 2. Schritt selbst konstruieren; wir beschränken uns hier auf das Modell vom 3. Schritt.

b) Modell einer offenen Volkswirtschaft mit staatlicher Aktivität

Hierbei vollzieht sich der Wirtschaftskreislauf zwischen den Polen private Haushalte, Unternehmen, Vermögensbildung, Staat und Ausland.

Nun erhält auch der Staat einen Teil vom Sozialprodukt durch die Steuern. Dieses Einkommen verwendet der Staat für Konsumzwecke und zum Sparen. Daneben leistet der Staat Zahlungen an die privaten Haushalte, die Unternehmen und das Ausland, für die er keine Gegenleistung erhält. Solche Zahlungen ohne Gegenleistung an die privaten Haushalte nennt man Transferzahlungen (Tr), sie dienen letztlich der Einommensumverteilung und wirken wie „negative" Steuern, d. h., sie erhöhen das verfügbare Einkommen. Hauptträger dieser Maßnahmen sind die Sozialversicherungen und Lastenausgleichsämter.

Zahlungen ohne Gegenleistung an Unternehmen sind die sog. Subventionen (Z), sie dienen in der Regel notleidenden und förderungsbedürftigen Wirtschaftszweigen. Im Gegensatz zu den Transferzahlungen an die privaten Haushalte, können Subventionen mit bestimmten Auflagen verbunden sein.

Die Zahlungen des Staates ohne Gegenleistung an das Ausland (U^I_{st}), wie z. B. Reparationen oder Wiedergutmachungen, sind nur ein Teil der Verbindungen zum Ausland. Die Unternehmen betreiben Ex- (E) und Import (I) von Gütern und Dienstleistungen, die Vermögensbildung der Länder wird durch die internationalen Kapitalströme beeinflußt, die vom Inland an das Ausland (K^I) aber auch vom Ausland an das Inland (K^A) fließen können. Der Staat zahlt (U^I_{st}) oder empfängt (U^A_{st}) Zahlungen ohne Gegenleistungen und auch die privaten Haushalte helfen (U^I_{pr}) oder erhalten Hilfe (U^A_{pr}) über Hilfsorganisationen (Katastrophenhilfe, Entwicklungshilfe u. a.) oder individuell.

Die Vermögensbildung wird, außer durch die genannten internationalen Kreditströme, durch privates (Spr) und staatliches (Sst) Sparen sowie die Abschreibungen (D) der Unternehmen bestimmt.

Die folgende Graphik soll diese Beziehungen verdeutlichen.

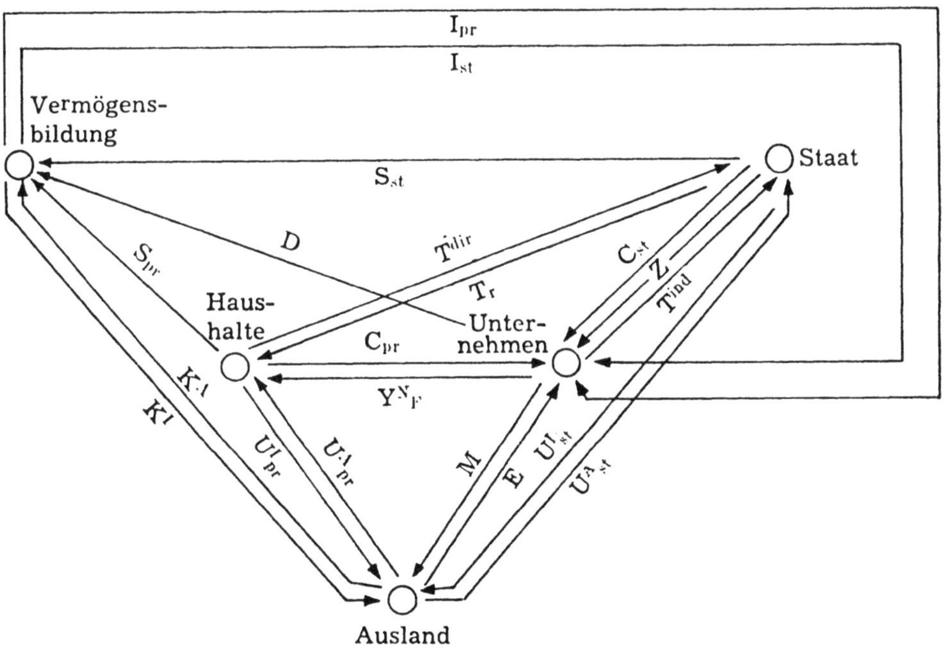

Abbildung 19: Der fünfpolige Kreislauf

Fragen:

1. Täglich finden zwischen einer unüberschaubar großen Zahl von Wirtschaftseinheiten unendlich viele Wirtschaftsvorgänge statt. Wie werden die Wirtschaftseinheiten und -vorgänge übersichtlich gemacht?
2. Nehmen Sie kritisch zu den verschiedenen Darstellungen des Wirtschaftsprozesses Stellung!
3. Welche Erkenntnisse über den Wirtschaftsprozeß versucht man mit der Kreislaufforschung zu gewinnen?
4. Das Produktionskonto der Unternehmung ist auch dann ausgeglichen, wenn nicht alle produzierten Güter oder Leistungen auf dem Markt abgesetzt werden konnten. Erklären Sie dies!
5. Die Ausgaben des Haushalts übersteigen das Einkommen; der Fehlbetrag wird aus Sparleistungen früherer Perioden finanziert. Wie könnte man sich diesen Sachverhalt auf dem Einkommenskonto der Haushalte vorstellen?
6. Im nationalen Produktionskonto fehlt die Position Vorleistungen. Erklären Sie dies!
7. Es wurde gesagt, daß die Identität von Sparen = Investition immer gilt. Nun kann es aber sein, daß in einer Periode das Sparvolumen der Haushalte kleiner ist als das geplante Investitionsvolumen der Unternehmer. Ist dies ein Widerspruch der obigen Aussage?

B. Die Volkswirtschaftliche Gesamtrechnung

Lernziel:

In der Volkswirtschaftlichen Gesamtrechnung werden die Konten und Gleichungen der Kreislaufanalyse mit volkswirtschaftlichen Daten angefüllt.

Sie sollen nach der Durcharbeitung dieses Abschnittes die wesentlichen Daten kennen, voneinander abtrennen und in das Schema der Volkswirtschaftlichen Gesamtrechnung, insbesondere in das Schema des Statistischen Bundesamtes einbringen können.

I. Verschiedene Inlands- und Sozialproduktbegriffe

In fast allen Massenmedien werden uns von Zeit zu Zeit Zahlen angegeben, die Auskunft über die wirtschaftliche Situation geben sollen. Man hört vom Rückgang der Investitionsgüternachfrage, von Importsteigerungen, von einer Erhöhung der Automobilproduktion, von Produktionsminderungen im Bausektor u. v. m. Das Zahlenmaterial kann einer Volkswirtschaftlichen Gesamtrechnung entstammen, in der die wichtigsten **Stromgrößen einer Volkswirtschaft** systematisch aufgezeichnet werden. Wie jede Statistik, handelt es sich um eine Betrachtung im nachhinein, wir sprechen auch von einer Ex-post-Rechnung, deren mehrjähriger Vergleich Trendentwicklungen deutlich macht; je detaillierter die statistischen Unterlagen, um so exakter sind die Aussagemöglichkeiten über zukünftige Größen. Die Datenerfassung kann sich beschränken auf die Wertschöpfung der Sektoren, die Abschreibungen, die indirekten Steuern und die Subventionen sowie den Außenhandelsbeitrag. Daneben können die Daten aber auch für eine Volksvermögensrechnung und eine Input-Output-Analyse gesammelt werden. Letztere untersucht die Liefer- und Empfangsbeziehungen der einzelnen industriellen Sektoren untereinander, die sonst in einem konsolidierten Konto „Unternehmungen" zusammengefaßt sind. Die Erfassung und Analyse derart umfangreicher Zahlenunterlagen ist schwieriger als eine Beschränkung auf globale Zahlen. Dies mag ein Grund dafür sein, daß Volkswirtschaftliche Gesamtrechnungen in diesem weiter gefaßten Sinne auch nur in wenigen Ländern existieren. Die Pionierleistung verdanken wir dem Amerikaner Wassily A. Leontief.

Die Fachausdrücke der Volkswirtschaftlichen Gesamtrechnung sind international angeglichene Definitionen; dies ermöglicht internationale Vergleiche (zumindest in nichtkommunistischen Ländern).

Der Bruttoproduktionswert wird ermittelt durch Addition der Umsätze (Verkäufe) und der selbsterstellten Anlagen während des Betrachtungszeitraums.

Sind nun nicht alle produzierten Güter verkauft worden, mußten wir einen Teil unserer Erzeugnisse auf Lager nehmen, so ist dieser Wert hinzuzurechnen.

Mußten wir umgekehrt, wegen guter Geschäftsentwicklung, unsere Lagerbestände verringern, so enthalten unsere Umsätze Güter, die in Vorperioden produziert wurden und folglich zu subtrahieren sind:

Umsätze + selbsterstellte Anlage ± Lagerbestandsänderungen = **Bruttoproduktionswert**

Dabei haben wir beispielsweise die Getreideverkäufe eines Landwirts an eine Getreidemühle und deren Mehlverkauf an Bäckereien addiert. Im Wert des Mehls ist aber der Wert des Getreides enthalten, der somit doppelt gezählt wird.

Um Doppel- oder Vielfachzählungen zu verhindern, um also nur die Wertzuwächse zu addieren, müssen die Vorleistungen abgezogen werden; wir erhalten dann den Nettoproduktionswert.

Bruttoproduktionswert — Vorleistungen = **Nettoproduktionswert**

Diesen Wert bezeichnet man auch als Bruttoinlandsprodukt zu Marktpreisen; er wurde erstellt unter Einsatz von Produktionsanlagen, deren Verwendung zu Abnutzungen führte. Die Wertschöpfung ist also verbunden mit Wertvernichtung.

Der finanzielle Gegenwert der Abnutzung von Produktionsanlagen, die Abschreibungen, müssen subtrahiert werden, wenn man den periodenbezogenen Wertzuwachs ermitteln will. Wir bezeichnen diesen Wert als Nettoinlandsprodukt in Marktpreisen.

Bruttoinlandsprodukt zu Marktpreisen — Abschreibungen = **Nettoinlandsprodukt zu Marktpreisen**

Auf die Marktpreise, die wir zu zahlen haben, nimmt der Staat Einfluß; er erhöht sie durch indirekte Steuern (Zigaretten), er mindert sie durch Subventionen (Brot, Milch). Da sie auf die eigentliche Wertschöpfung keinen Einfluß haben, können wir sie ausklammern:

Nettoinlandsprodukt zu Marktpreisen — indirekte Steuern + Subventionen

= **Nettoinlandsprodukt zu Faktorkosten**

Das Nettoinlandsprodukt zu Faktorkosten wurde von allen im Inland produzierenden Wirtschaftssubjekten geschaffen und entspricht somit der Summe aller im Inland entstandenen Erwerbs- und Vermögenseinkommen; man spricht auch vom Inlandsprodukt oder Inlandseinkommen.

Hierbei spielt es keine Rolle, wem dieses Einkommen zufließt. Im **Inlandsprodukt** sind somit auch die Löhne, Zinsen und Gewinne enthalten, die Ausländern zufließen (Einkommen der Gastarbeiter, Dividendenzahlung für ausländische Beteiligungen). Entscheidend ist, daß sie Leistungen im Inland erbrachten. Das aber wiederum bedeutet, daß Faktoreinkommen, das Inländer im Ausland für dort erbrachte Leistungen beziehen, hierbei keine Berücksichtigung finden. Daher muß zwischen Inlandsprodukt oder Inlandseinkommen und Inländerprodukt oder Inländereinkommen unterschieden werden. Im ersten Falle ist entscheidend, daß das Einkommen aus Produktionsprozessen innerhalb der geographischen Grenzen eines Staates erwächst, unabhängig ob es In- oder Ausländern zufließt. Anders beim **Inländereinkommen**; hier werden auch die Faktoreinkommen berücksichtigt, die Inländern aus dem Ausland zufließen; hier spielen die Landesgrenzen für den Faktoreinsatz keine Rolle.

Mindert man das Inlandsprodukt um das an Ausländer gezahlte Einkommen für unselbständige Arbeit, Unternehmertätigkeit und Kapitaleinsatz, und addiert man die an Inländer aus dem Ausland zufließenden Faktoreinkommen und Gewinne hinzu, so erhält man das Netto-Sozialprodukt zu Faktorkosten.

Nettoinlandsprodukt zu Faktorkosten	±	Saldo der Erwerbs- und Vermögenseinkommen vom und zum Ausland	=	**Nettosozialprodukt zu Faktorkosten, oder Volkseinkommen**

Sein Größenverhältnis zum Inlandseinkommen hängt ab von den Erwerbs- und Vermögenseinkommensströmen zwischen In- und Ausland.

Sind die Zuflüsse größer als die Abflüsse, dann:

Volkseinkommen > Inlandseinkommen

Ist der Saldo dagegen negativ, dann:

Volkseinkommen < Inlandseinkommen

	1960	1970	1980	1981	1982	1983[1]	1984[1]	1985[1]
Werte (gerundet in Mrd.) für								
das Volkseinkommen	279,4	607,7	1 311,5	1 356,5	1 396,0	1 463,3	1 536,2	1 607,6
das Inlandseinkommen	279,1	607,3	1 305,2	1 352,3	1 396,0	1 458,8	1 527,4	1 600,2
Einkommen aus dem Ausland	3,2	9,9	30,5	36,4	38,5	40,9	47,3	49,4
Einkommen an das Ausland	2,9	9,5	24,2	32,2	39,3	36,4	38,6	41,9

1 Vorläufige Zahlen (Stat. Jhb. 1986, Abs. 23. 15, S. 545)

Abbildung 20: Die Entwicklung des Volkseinkommens und des Inlandseinkommens in der Bundesrepublik Deutschland

Wie aus diesen Zahlen des Statistischen Bundesamtes ersichtlich, liegen, mit Ausnahme des Jahres 1982, die Einkommenszuflüsse aus dem Ausland über den Einkommensabflüssen in das Ausland, ist also das Volkseinkommen > Inlandseinkommen.

Nun kann man, vom Nettosozialprodukt zu Faktorkosten ausgehend, die zuvor ausgeklammerten Preisbeeinflussungen des Staates wieder mit einbeziehen. Die Produkte werden um die auferlegten indirekten Steuern teurer, um die vom Staat gezahlten Subventionen billiger; also:

Nettosozialprodukt zu Faktorkosten + indirekte Steuern — Subventionen
= **Nettosozialprodukt zu Marktpreisen**

Berücksichtigt man ferner die in Höhe der Abnutzung der Produktionsmittel vorgenommene Abschreibung, so ergibt sich:

Nettosozialprodukt zu Marktpreisen + Abschreibung
= **Bruttosozialprodukt zu Marktpreisen**

	1960	1970	1980	1981	1982	1983[1]	1984[1]	1985[1]
Nettoinlandsprodukt zu Faktorkosten	239,8	530,0	1 142,3	1 183,1	1 224,3	1 276,2	1 337,5	1 406,7
+ indirekte Steuern	41,8	89,1	193,4	198,3	201,9	214,4	226,3	229,8
– Subventionen	2,5	11,8	30,5	29,1	29,4	31,8	36,4	36,4
Nettoinlandsprodukt zu Marktpreisen	279,1	607,3	1 305,2	1 352,3	1 396,8	1 458,8	1 527,4	1 600,2
± Saldo der Erwerbs- und Vermögenseinkommen von und an das Ausland	0,3	0,4	6,3	4,2	– 0,8	4,5	8,8	7,5
Nettosozialprodukt zu Marktpreisen	279,4	607,7	1 311,5	1 356,5	1 396,0	1 463,3	1 536,2	1 607,7
+ Abschreibungen	23,6	68,0	173,7	188,6	201,1	210,8	220,7	230,3
Bruttosozialprodukt zu Marktpreisen	303,0	675,7	1 485,2	1 545,1	1 597,1	1 674,1	1 756,9	1 838,0

1 Vorläufiges Ergebnis. Die die Zahlen gerundet sind, weichen einige hinter dem Komma geringfügig von den Zahlen des Stat. Jahrbuches 1986, S. 530, Abs. 23.3 ab.

Abbildung 21: Das Bruttosozialprodukt zu Marktpreisen der Bundesrepublik Deutschland

II. Der Wirtschaftskreislauf in Gleichungen

Die vorausgegangenen Kreislaufbeziehungen lassen sich auch in Form von Gleichungen darstellen.

Bei einer geschlossenen Wirtschaft ohne Staatstätigkeit entspricht die Höhe des Bruttosozialprodukts zu Marktpreisen Y^B_M den privaten Ausgaben für Konsum C_{pr} und Investition I_{pr}.

$$Y^B_M = C_{pr} + I_{pr}$$

Der Anteil eines modernen **Staates** am Sozialprodukt macht aber seine Einbeziehung in ein aussagefähiges Kreislaufsystem selbstverständlich. Ihm fließen die direkten Steuern der Unternehmen und Haushalte, $T^{dir}{}_U$ und $T^{dir}{}_H$, sowie die indirekten Steuern T^{ind} zu; er tätigt Ausgaben für Konsumzwecke C_{st}, für Investitionen I_{st}; er zahlt ohne Gegenleistung Subventionen Z an Unternehmen und Transferzahlen T_r an Haushalte. Somit kennzeichnen folgende Ströme seinen Pol:

(1) $$T^{dir} + T^{ind} = C_{st} + I_{st} + Z + T_r$$

Dem Pol der **Unternehmen** fließen die Ausgaben für privaten und staatlichen Konsum C_{pr} und C_{st} und die Ausgaben für staatliche und private Investitionen I_{st} und I_{pr} zu; auf der anderen Seite fließen die Faktoreinkommen $Y_F{}^N$, die an den Staat abzuführenden indirekten Steuern T^{ind} abzgl. der staatlich gewährten Subventionen Z sowie die Abschreibungen D ab. Dann gilt:

(2) $$C_{pr} + C_{st} + I_{pr} + I_{st} = Y_F{}^N + T^{ind} - Z + D$$

Auf der linken Seite steht das Bruttosozialprodukt zu Marktpreisen; es läßt sich steigern, wenn die privaten und staatlichen Ausgaben für Konsum- und Investitionsgüter erhöht werden.

Die dem Pol der privaten **Haushalte** zu- und abfließende Ströme lassen sich aus den vorausgegangenen Gleichungen unschwer ableiten. Haushalte erhalten von den Unternehmen die Faktoreinkommen $Y_F{}^N$ und vom Staat Transferzahlungen T_r, an den sie die direkten Steuern abführen. Diesen Strömen stehen die Einkommensverwendungsmöglichkeiten gegenüber — Konsum C_{pr} und Sparen S_{pr}.

(3) $$Y_F{}^N + T_r - T^{dir} = C_{pr} + S_{pr}$$

Auf der linken Seite handelt es sich um das verfügbare Einkommen, das nach der Steuerzahlung den privaten Haushalten verbleibt. Rechts sind die Verwendungsmöglichkeiten angegeben.

Betrachten wir diese Gleichungen (1—3), so stellen wir fest, daß einige Ströme nur einmal erscheinen, obgleich doch jeder Strom beim gebenden wie beim empfangenden Pol gebucht werden muß. Es handelt sich hierbei um die Größen I_{pr}, I_{st}, D und S; ihre Gegenbuchung erfolgt am Pol der **Vermögensbildung.**

In einer geschlossenen Volkswirtschaft entsprechen die Bruttoinvestitionen den Sparleistungen und den Abschreibungen:

(4) $$S_{pr} + D = I_{pr} + I_{st}$$

Nun ist denkbar, daß nicht nur die privaten Haushalte sparen, sondern auch der Staat; dies ist der Fall, wenn in Gleichung (2) die rechte Seite größer ist als die linke; es liegt dann ein Budgetüberschuß vor. Aus (4) würde (4 a)

(4 a) $$S_{pr} + S_{st} + D = I_{pr} + I_{st}$$

Diese Zusammenhänge verdeutlicht folgende Graphik:

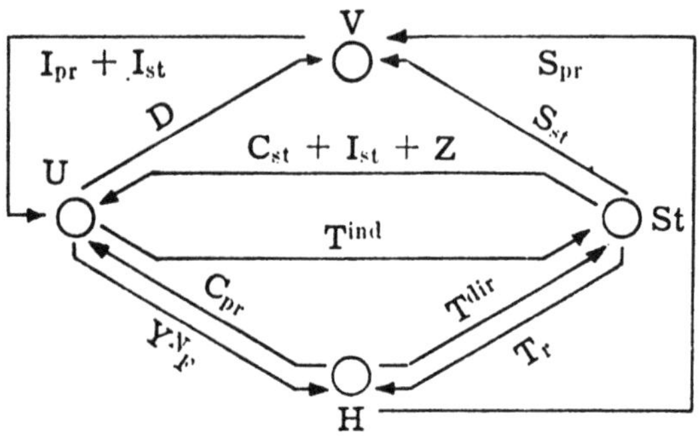

Abbildung 22: Ein Budgetüberschuß

Beziehen wir das Ausland mit ein, so liegt eine **offene Wirtschaft** vor. Die internationalen Wirtschaftsbeziehungen enthalten

— die Lieferung (Export E) und den Erhalt (Import M) von Gütern und Dienstleistungen (hauptsächlich zwischen Unternehmen) gegen Entgelt, die sich in der Leistungsbilanz niederschlagen

— Übertragungen (U) ohne Gegenleistung von Privaten (Schenkungen, Abfindungen) und vom Staat (Entwicklungshilfe (sofern nicht kreditiert), Wiedergutmachung, Reparationen) zwischen In- und Ausland;

— Kreditströme (K)

Für den Pol des S t a a t e s gilt dann folgende Gleichung (vgl. (1)):

(5) $$T^{dir} + T^{ind} + U^A_{st} = C_{st} + I_{st} + Z + T_r + U^I_{st}$$

Diese Gleichung ist erweitert auf der linken Seite um die Übertragungen aus dem Ausland, auf der rechten Seite um entsprechende Leistungen des Inlandes an das Ausland; im konkreten Fall kann auch eine einseitige Saldobuchung erfolgen. Würde U^A gebucht, so würde das Inland (Staat) größere Übertragungen empfangen als leisten. Wurde U^I gebucht, würde das Ausland größere Übertragungen empfangen als leisten.

Für die U n t e r n e h m e n wird aus (2) unter Einbeziehung des Auslands:

(6) $$Y^N_F + T^{ind} - Z + D = C_{pr} + C_{st} + I_{pr} + I_{st} + (E - M)$$

Ist der Saldo aus $(E - M)$ positiv, d. h. $E > M$, so bedeutet dies, daß das Bruttosozialprodukt zu Marktpreisen (linke Seite) nicht nur für inländischen Konsum und Investitionen verwandt wurde, sondern teilweise exportiert wurde; in diesem Falle liegt ein Überschuß der Leistungsbilanz vor.

Wenn von den privaten Haushalten Einkommen ohne Gegenleistung übertragen wird, verändert sich (3) in

(7) $$Y^N_F + T_r - T^{dir} + U^I_{pr} = C_{pr} + S_{pr} + U^I_{pr};$$

auch hierbei kann man sich auf eine Saldobuchung beschränken.

Die Kreditbeziehungen werden auf dem Vermögensbildungspol erfaßt. Hier werden private und staatliche, kurz- und langfristige Kredite an das Ausland sowie der Gold- und Devisenzufluß unter K^I zusammengefaßt; K^A bedeutet Kredite aus dem Ausland und Devisenabfluß.

(8) $$S_{pr} + S_{st} + D = I_{pr} + I_{st} + (K^I - K^A)$$

Ist der Klammerwert positiv, so bedeutet dies, daß die inländischen Investitionen geringer sind als das inländische Sparen und die Abschreibungen oder, anders ausgedrückt, daß ein Teil der inländischen Kapitalbildung ins Ausland floß.

Hiernach ergibt sich für das Ausland folgende Gleichung:

(9) $$\underbrace{E - M}_{\text{Saldo der Leistungsbilanz}} = U^I_{st} - U^A_{st} + U^I_{pr} - U^A_{pr} + K^I - K^A$$

III. Spezielle Betrachtungen

1. Das Bruttosozialprodukt der BRD

Die vorangegangenen Überlegungen waren grundsätzlicher und allgemeiner Art; nun soll an einem konkreten Beispiel gezeigt werden, wie eine Volkswirtschaftliche Gesamtrechnung (VGR) aufgebaut werden kann und wie die Ergebnisse aussehen (vgl. Abb. 23).

2. Das Grundschema der Volkswirtschaftlichen Gesamtrechnung

Das Grundschema der Volkswirtschaftlichen Gesamtrechnung kann tabellarisch dargestellt werden; hierzu bietet sich die bereits behandelte Matrixform an (vgl. Abbildung 9 und 10). Der Einfachheit halber sollen nur wenige Kreislaufgrößen aufgeführt werden, die Unternehmen, der Staat, die Haushalte, das Ausland (mit Export und Import), die Abschreibungen, die indirekten Steuern, die Subventionen sowie die Löhne und Gewinne, ferner die Vorleistungen, der Konsum und Investitionen. Dann ergibt sich eine Übersicht wie in Abbildung 24.

1. Entstehung, Verteilung und Verwendung des Sozialprodukts

Posten	1970	1976	1980	1983	1984p)	1985p)	1986p)	1984p)	1985p)	1986p)	1984p)	1985p)	1986p)
	Mrd. DM							Veränderung gegen Vorjahr in %			Anteil in %		
I. Entstehung des Sozialprodukts													
a) in jeweiligen Preisen													
Bruttowertschöpfung													
Landwirtschaft, Forstwirtschaft und Fischerei	21,8	31,1	30,4	32,2	34,8	31,1	33,0	+ 8,0	− 10,7	+ 6,3	2,0	1,7	1,7
Warenproduzierendes Gewerbe	333,7	500,6	632,2	685,1	710,2	755,6	810,5	+ 3,7	+ 6,4	+ 7,3	40,3	40,9	41,6
Energieversorgung1) und Bergbau	22,7	42,4	50,2	62,7	65,3	70,2	68,4	+ 4,2	+ 7,5	− 2,6	3,7	3,8	3,5
Verarbeitendes Gewerbe	259,5	389,7	482,8	524,9	547,0	593,6	646,5	+ 4,2	+ 8,5	+ 8,9	31,0	32,1	33,2
Baugewerbe	51,6	68,5	99,2	97,4	97,9	91,8	95,6	+ 0,5	− 6,3	+ 4,2	5,6	5,0	4,9
Handel und Verkehr 2)	103,5	173,6	225,7	254,9	267,3	275,9	280,8	+ 4,9	+ 3,2	+ 1,8	15,2	14,9	14,4
Dienstleistungsunternehmen 3)	114,4	231,8	335,1	430,4	459,3	484,5	513,0	+ 6,7	+ 5,5	+ 5,9	26,0	26,2	26,3
Unternehmen zusammen	573,4	937,1	1 223,3	1 402,6	1 471,6	1 547,1	1 637,3	+ 4,9	+ 5,1	+ 5,8	83,5	83,8	84,0
desgl. bereinigt 4)	555,4	898,3	1 169,4	1 320,9	1 387,5	1 462,7	1 551,2	+ 5,0	+ 5,4	+ 6,1	78,7	79,2	79,6
Staat	62,6	129,8	172,4	195,8	200,1	207,7	217,9	+ 2,2	+ 3,8	+ 4,9	11,3	11,2	11,2
Private Haushalte 5)	10,0	20,2	27,2	32,6	34,3	36,4	39,5	+ 5,0	+ 6,3	+ 8,5	1,9	2,0	2,0
Alle Wirtschaftsbereiche	628,0	1 048,3	1 369,0	1 549,3	1 621,8	1 706,9	1 808,6	+ 4,7	+ 5,2	+ 6,0	92,0	92,4	92,8
+ Nichtabzugsfähige Umsatzsteuer 6)	39,9	61,8	96,5	109,4	116,0	116,3	117,8	+ 6,1	+ 0,3	+ 1,3	6,6	6,3	6,0
+ Einfuhrabgaben 7)	7,4	11,6	13,5	16,2	16,5	16,8	17,6	+ 1,7	+ 1,6	+ 4,8	0,9	0,9	0,9
Bruttoinlandsprodukt	675,3	1 121,7	1 478,9	1 674,8	1 754,3	1 839,9	1 944,0	+ 4,7	+ 4,9	+ 5,7	99,5	99,6	99,7
Saldo der Erwerbs- und Vermögenseinkommen zwischen In- und Ausland	+ 0,4	+ 4,5	+ 6,3	+ 4,5	+ 8,8	+ 7,1	+ 5,1	.	.	.	0,5	0,4	0,3
Bruttosozialprodukt zu Marktpreisen	675,7	1 126,2	1 485,2	1 679,3	1 763,1	1 847,0	1 949,0	+ 5,0	+ 4,8	+ 5,5	100,0	100,0	100,0
b) In Preisen von 1980													
Bruttosozialprodukt zu Marktpreisen	1 134,0	1 328,2	1 485,2	1 497,8	1 542,4	1 580,8	1 618,4	+ 3,0	+ 2,5	+ 2,4	.	.	.
desgl. je Erwerbstätigen in DM	42 520	51 900	56 410	59 130	60 820	61 910	62 760	+ 2,9	+ 1,8	+ 1,4	.	.	.

II.	Verteilung des Sozialprodukts (in jeweiligen Preisen)												
	Einkommen aus unselbständiger Arbeit 8)	360,6	631,3	844,4	920,7	953,4	989,4	1 039,1	+ 3,5	+ 3,8	+ 5,0	54,1	53,6	53,3
	Einkommen aus Unternehmertätigkeit und Vermögen	169,8	250,9	304,2	364,4	398,2	433,9	475,1	+ 9,3	+ 9,0	+ 9,5	22,6	23,5	24,4
	Nettosozialprodukt zu Faktorkosten (Volkseinkommen)	530,4	882,2	1 148,6	1 285,1	1 351,6	1 423,3	1 514,2	+ 5,2	+ 5,3	+ 6,4	76,7	77,1	77,7
	+ Indirekte Steuern 9)	77,3	119,8	162,9	182,7	190,0	192,9	195,4	+ 4,0	+ 1,5	+ 1,3	10,8	10,4	10,0
	Nettosozialprodukt zu Marktpreisen	607,7	1 001,9	1 311,5	1 467,9	1 541,6	1 616,2	1 709,6	+ 5,0	+ 4,8	+ 5,8	87,4	87,5	87,7
	+ Abschreibungen	68,0	124,3	173,7	211,4	221,5	230,8	239,4	+ 4,8	+ 4,2	+ 3,8	12,6	12,5	12,3
	Bruttosozialprodukt zu Marktpreisen	675,7	1 126,2	1 485,2	1 679,3	1 763,1	1 847,0	1 949,0	+ 5,0	+ 4,8	+ 5,5	100,0	100,0	100,0
III.	Verwendung des Sozialprodukts (in jeweiligen Preisen)												
	Privater Verbrauch	368,9	632,5	840,8	964,2	1 002,8	1 041,8	1 081,1	+ 4,0	+ 3,9	+ 3,8	56,9	56,4	55,5
	Staatsverbrauch	106,5	221,7	297,8	336,2	350,2	365,7	383,1	+ 4,2	+ 4,4	+ 4,8	19,9	19,8	19,7
	Verbrauch für zivile Zwecke	86,7	188,1	257,4	288,4	301,3	315,7	331,7	+ 4,5	+ 4,8	+ 5,0	17,1	17,1	17,0
	Verteidigungsaufwand	19,8	33,6	40,4	47,8	48,9	50,0	51,4	+ 2,4	+ 2,2	+ 2,9	2,8	2,7	2,6
	Anlageinvestitionen	172,1	225,7	335,8	343,8	354,6	359,3	375,9	+ 3,1	+ 1,3	+ 4,6	20,1	19,5	19,3
	Ausrüstungen	65,9	86,1	127,3	135,6	137,6	153,9	162,2	+ 1,5	+ 11,8	+ 5,4	7,8	8,3	8,3
	Bauten	106,2	139,6	208,5	208,2	217,1	205,5	213,7	+ 4,2	− 5,3	+ 4,0	12,3	11,1	11,0
	Vorratsinvestitionen	+ 14,2	+ 17,2	+ 13,8	− 1,8	+ 5,1	+ 7,5	+ 2,6	.	.	.	0,3	0,4	0,1
	Inländische Verwendung	661,6	1 097,1	1 488,2	1 642,4	1 712,8	1 774,3	1 842,6	+ 4,3	+ 3,6	+ 3,9	97,1	96,1	94,5
	Außenbeitrag 10)	+ 14,1	+ 29,1	− 3,0	+ 36,9	+ 50,3	+ 72,7	+ 106,4	.	.	.	2,9	3,9	5,5
	Ausfuhr	152,9	309,0	422,3	524,6	588,0	647,3	634,8	+ 12,1	+ 10,1	− 1,9	33,3	35,0	32,6
	Einfuhr	138,8	279,9	425,3	487,7	537,7	574,6	528,6	+ 10,2	+ 6,9	− 8,0	30,5	31,1	27,1
	Bruttosozialprodukt zu Marktpreisen	675,1	1 126,2	1 485,2	1 679,3	1 763,1	1 847,0	1 949,0	+ 5,0	+ 4,8	+ 5,5	100,0	100,0	100,0

Quelle: Statistisches Bundesamt; ab 1984 revidierte Ergebnisse. – 1 Einschl. Wasserversorgung. – 2 Einschl. Nachrichtenübermittlung. – 3 Kreditinstitute, Versicherungsunternehmen, Wohnungsvermietung und sonstige Dienstleistungen. – 4 Bruttowertschöpfung der Unternehmen minus unterstellte Entgelte für Bankdienstleistungen. – 5 Einschl. privater Organisationen ohne Erwerbszweck. – 6 Umsatzsteueraufkommen sowie einbehaltene Umsatzsteuer auf Grund gesetzlicher Sonderregelungen. – 7 Einfuhrzölle, Verbrauchsteuern auf Einfuhren, Abschöpfungsbeträge und Währungsausgleichsbeträge auf eingeführte landwirtschaftliche Erzeugnisse. – 8 Einschl. Arbeitgeberbeiträge zur Sozialversicherung und zusätzlicher Sozialaufwendungen der Arbeitgeber (u. a. für die betriebliche Altersversorgung). – 9 Produktionssteuern, nicht abzugsfähige Umsatzsteuer und Einfuhrabgaben abzüglich Subventionen. – 10 Einschl. Waren- und Dienstleistungsverkehr mit der DDR. – p Vorläufig. Differenzen in den Summen durch Runden der Zahlen.

			Vorleistungen			Konsum		Investitionen		Export	Σ
			U_1	S_2	H_3	H_9	S_{10}	U_{11}	S_{12}	$Ausl._{13}$	
Inland	Unternehmen	1	V_{11}	V_{12}	V_{13}	C_{pr1}	C_{st1}	I_{pr1}	I_{st1}	E_1	X_1
Inland	Staat	2	V_{21}	V_{22}	V_{23}	C_{pr2}	C_{st2}	I_{pr2}	I_{st2}	E_2	X_2
Inland	priv. Haushalte	3	V_{31}	V_{32}	V_{33}	C_{pr3}	C_{st3}	I_{pr3}	I_{st3}	E_3	X_3
Ausland	Import	4	M_1	M_2	M_3	$M^C{}_{pr}$	$M^C{}_{st}$	$M^I{}_{pr}$	$M^I{}_{st}$	M^E	M^I
	Abschreibungen	5	D_1	D_2	D_3						
	Indirekte Steuer	6	$T^{ind}{}_1$	$T^{ind}{}_2$	$T^{ind}{}_3$						
	Subventionen	7	$-Z_1$	$-Z_2$	$-Z_3$						
	Löhne + Gewinne	8	L_1+Q_1	L_2+Q_2	L_3+Q_3						
		Σ	X_1	X_2	X_3	C_{pr}	C_{st}	I_{pr}	I_{st}	E^I	

Abbildung 24: Die Volkswirtschaftliche Gesamtrechnung in Matrixform

Die erste Zeile zeigt, welche Vorleistungen die Unternehmen für Unternehmen V_{11}, für den Staat V_{12} und für die Haushalte V_{13} erbringen, ferner wie hoch die Konsumgüterlieferungen an die Haushalte C_{pr1} und den Staat C_{st1} sowie die Lieferungen von Investitionsgütern an die Unternehmen I_{pr1} und den Staat I_{st1} sind und wieviel exportiert wurde E_1. Die Summe X_1 dieser Zeile ergibt den Gesamtproduktionswert der Unternehmen. Entsprechendes gilt für die Zeilen 2 und 3.

Zeile 4 gibt an, wie viele Vorleistungen (zur Weiterverarbeitung im Inland), Konsum- und Investitionsgüter und wieviel zum Reexport aus dem Ausland importiert wurde; der Gesamtimport beträgt M^I.

Einen anderen Überblick geben die Spalten. Sie enthalten die einem Sektor von den anderen Sektoren zufließenden Werte, die bezahlt werden müssen. In Spalte 1 z. B. handelt es sich um die den Unternehmen zufließenden inländischen Vorleistungen V_{11}, V_{21}, V_{31} sowie Importe M_1 (etwa Rohstoffe), ferner um die Abschreibungen D_1, indirekte Steuern T_1 abzüglich der Subventionen Z_1, Löhne L_1 und Gewinne Q_1.

Bei der Addition muß sich ein Spaltengesamtwert X_1 ergeben, der ebenso hoch ist wie der Zeilengesamtwert X_1; entsprechendes gilt für X_2 und X_3. Diese Übereinstimmung ergibt sich aus der Kreislauferkenntnis, wonach der gesamte Wertzufluß (Zeile) eines Pols dem gesamten Wertabfluß (Spalte) entsprechen muß.

3. Das Kontensystem des Statistischen Bundesamtes

Das Statistische Bundesamt führt eine volkswirtschaftliche Gesamtrechnung mit dem Ziel, „ein möglichst umfassendes, übersichtliches, hinreichend gegliedertes, quantitatives Gesamtbild des wirtschaftlichen Geschehens zu geben". Sie wird „in Form eines geschlossenen Kontensystems mit doppelter Verbuchung aller nachgewiesenen Vorgänge ... dargestellt".

Drei große Sektoren werden unterschieden:

Die Unternehmungen. Hierzu gehören auch Kreditinstitute, landwirtschaftliche Betriebe, Versicherungsunternehmen, Bundespost und -bahn, freie Berufstätigkeit, Wohnungsvermietung sowie Eigennutzung von Wohnungen.

Der Staat. Hierzu zählen der Bund, die Länder, die Gemeinden und Gemeindeverbände sowie die Sozialversicherung.

Die privaten Haushalte und die privaten Organisationen ohne Erwerbscharakter. Hierin sind einbezogen Vereine, Parteien, Gewerkschaften, Wirtschaftsverbände, Kirchen, kulturelle, wissenschaftliche und karitative Vereinigungen, soweit sie überwiegend privat finanziert werden.

Um die wirtschaftlichen Tätigkeiten und Vorgänge dieser Sektoren zu erfassen, ist jeder in 7 Konten gegliedert:

Kontengruppe 1: Produktion von Waren und Dienstleistungen
Kontengruppe 2: Entstehung von Erwerbs- und Vermögenseinkommen
Kontengruppe 3: Verteilung von Erwerbs- und Vermögenseinkommen

Kontengruppe 4: Umverteilung von Einkommen
Kontengruppe 5: Verwendung der Einkommen
Kontengruppe 6: Vermögensveränderung
Kontengruppe 7: Veränderung der Forderungen und Verbindlichkeiten

Der Zusammenhang zwischen diesen Kontengruppen läßt sich wie folgt verdeutlichen:

zu 1. Man möchte wissen, wie hoch die Wertschöpfung der einzelnen Sektoren ist. Dazu ermittelt man beispielsweise bei den Unternehmen die Umsätze, denn verkauft werden konnte nur, was zuvor produziert wurde.

Nun ist aber denkbar, daß die konjunkturelle Entwicklung zu einer die Jahresproduktion übersteigenden Nachfrage führte, so daß auch Lagerbestände veräußert wurden. Da diese aber Wertschöpfungen der Vorperioden darstellen, müssen sie von den Werten der Betrachtungsperiode subtrahiert werden.

Bleibt umgekehrt das Absatzvolumen hinter der Produktion zurück, sind die Umsatzwerte und der Wert der Lageraufstockung zu addieren.

Wurden außerdem Anlagen oder Vorrichtungen von unternehmenseigenen Werkstätten gebaut, so sind diese selbsterstellten Anlagen als Wertschöpfung ebenfalls zu erfassen.

Da in den so ermittelten Bruttoproduktionswert vielfach die Werte der Lieferungen von vorgelagerten Wirtschaftsunternehmen eingehen, müssen zur Vermeidung von Doppel- und Mehrfachzählungen diese Vorleistungen subtrahiert werden. Entsprechende Erfassungen erfolgen auch in den anderen Sektoren.

zu 2. Da man hiernach den Leistungswert einer Volkswirtschaft kennt (ausgedrückt im Bruttoinlandsprodukt zu Marktpreisen), fragt man nach der Höhe des hieraus ableitbaren Einkommens. Hierbei ist zu berücksichtigen, daß der Prozeß der Wertschöpfung begleitet wird von einem Prozeß der Wertvernichtung oder -minderung (Abnutzung von Produktionsanlagen). Der Abzug der hierfür vorgenommenen Abschreibungen führt zum Nettoinlandsprodukt zu Marktpreisen. Der hierin enthaltene „Staatseinfluß“ wird ausgeklammert durch Subtraktion der marktpreissteigernden indirekten Steuern und durch Addition der preismindernden Subventionen.

zu 3. Die nun verbleibende Nettowertschöpfung (Nettoinlandsprodukt zu Faktorkosten) kann verteilt werden. Ein Teil wird zu Einkommen aus unselbständiger Arbeit, der andere zu Einkommen aus Unternehmertätigkeit und Vermögen. Beide Teile umfassen aber nur Einkommen, die im *Inland* erworben wurden. Da aber Inländer im Ausland arbeiten und inländisches Kapital auch im Ausland angelegt ist, fließen von dort Einkommen ins Inland, so wie für hier eingesetzte ausländische Faktoren Einkommen abfließt. Erfaßt man diese internationalen Einkommensströme, so erhält man das Nettosozialprodukt zu Faktorkosten oder *Inländer*einkommen oder Volkseinkommen.

zu 4. Das so verteilte Einkommen (primärer Verteilung) wird dann vom Staat nach den wirtschafts- und sozialpolitischen Zielsetzungen der Regenten umverteilt, teils durch Erhebung direkter Steuern, Sozialbeiträgen u.a. gemindert, teils durch Zahlung von Transferleistungen erhöht (sekundär Verteilung). Was bleibt ist das verfügbare Einkommen.

zu 5. Dieses kann in den einzelnen Sektoren konsumiert oder gespart werden.

zu 6. Die jeweiligen Ersparnisse und die Rückflüsse aus Abschreibungen können für Anlage- und Vorratsinvestitionen verwendet werden. Stimmen Spar- und Investitionsvolumen nicht überein, ergeben sich in den einzelnen Sektoren positive oder negative Finanzierungssalden.

zu 7. Deren Zusammensetzung (Forderungen/Verbindlichkeiten) werden in der Kontengruppe 7 aufgeschlüsselt.

Darüber hinaus wird ein „zusammengefaßtes Konto der übrigen Welt (Konto 8) geführt, das alle wirtschaftlichen Vorgänge zwischen inländischen Wirtschaftseinheiten und der übrigen Welt enthält".

Ein „zusammengefaßtes Güterkonto" (Konto 0), das 1970 bei einer Revision des Kontensystems eingeführt wurde, enthält die gesamte inländische Güterproduktion und die Importe auf der Sollseite, die Verwendung dieser Güter auf der Habenseite.

Hiernach ergibt sich folgende Übersicht:

1. Produktionskonten

11 Produktionskonto der Unternehmen

Vorleistungen	Verkäufe und selbsterstellte Anlagen
Saldo: Beitrag (von U) zum Bruttoinlandsprodukt	Vorratsänderungen

21 Produktionskonto des Staates

Vorleistungen	Verkäufe von selbsterstellten Anlagen
Saldo: Beitrag (von S) zum Bruttoinlandsprodukt	Eigenverbrauch

31 Produktionskonto der Haushalte

Vorleistungen der privaten Organ. ohne Erwerbscharakter	Verkäufe der privaten Organisationen ohne Erwerbscharakter
Saldo: Beitrag (von H) zum Bruttoinlandsprodukt	Eigenverbrauch

Abbildung 25

Die Beiträge der einzelnen Sektoren zum Bruttoinlandsprodukt sind zu Marktpreisen angegeben.

2 Einkommensentstehungskonten (EEK)

12 EEK der Unternehmen

Abschreibungen	Bruttoinlandsprodukt aus 11
indirekte Steuern	
Saldo:	
Beitrag zum Nettoinlandsprodukt zu Faktorkosten (NIP)	Subventionen

22 EEK des Staates

Abschreibungen	Bruttoinlandsprodukt aus 21
Indirekte Steuern	
Saldo:	
Beitrag zum Nettoinlandsprodukt zu Faktorkosten (NIP)	

32 EEK der Haushalte

Abschreibungen	Bruttoinlandsprodukt aus 31
Indirekte Steuern	
Saldo:	
Beitrag zum Nettoinlandsprodukt zu Faktorkosten (NIP)	

Abbildung 26

Berücksichtigt man jetzt die Zu- und Abflüsse von Erwerbs- und Vermögenseinkommen aus dem und in das Ausland, so ergibt sich der sektorale Anteil am Nettosozialprodukt zu Faktorkosten oder dem Volkseinkommen.

3 Einkommensverteilungskonto (EVK)

13 EVK der Unternehmen

Geleistete Einkommen aus unselbst. Arbeit	NIP zu FK aus 12
Geleistete Einkommen aus selbst. Arbeit	Empfangene Einkommen aus Unternehmertätigkeit
Einkommen an das Ausland	Einkommen aus dem Ausland
Saldo:	
Beitrag zum NSP zu FK	

23 EVK des Staates

Geleistete Einkommen aus unselbst. Arbeit	NIP zu FK aus 22
Geleistete Zinsen	Empfangene Einkommen aus Unternehmertätigkeit
Einkommen an das Ausland	Einkommen aus dem Ausland
Saldo: Beiträge zum NSP zu FK	

33 EVK der Haushalte

Geleistete Einkommen	NIP zu FK aus 32
Geleistete Einkommen an das Ausland	Einkommen aus unselbst. und selbst. Arbeit
Saldo: Beitrag zum NSP zu FK	Einkommen aus dem Ausland

Abbildung 27

Addiert man zu diesen sektoralen Beiträgen zum Nettosozialprodukt zu Faktorkosten die Transferzahlungen und subtrahiert man die direkten Steuern, so erhält man das verfügbare Einkommen jedes Sektors.

Im Kontensystem des Statistischen Bundesamtes werden diese und alle weiteren Buchungen ebenfalls nach Sektoren unterteilt; hier sollen die Konten der jeweiligen Kontengruppe zusammengefaßt werden, wodurch sich an der Gliederungs- und Buchungspraxis prinzipiell nichts ändert.

4 Einkommensumverteilungskonto (EUVK)

Direkte Steuern der Unternehmen	Nettosozialprodukt zu Faktorkosten (aus 13, 23, 33)
Direkte Steuern der Haushalte	Transferzahlungen
Saldo: Verfügbares Einkommen	

Abbildung 28

Die Verwendung dieses verbliebenen Einkommens ergibt folgende Übersicht:

5 Einkommensverwendungskonto

Eigenverbrauch des Staates	Verfügbares Einkommen (aus 4)
Konsumausgaben der Haushalte	
Ersparnis der Unternehmungen	
Ersparnis des Staates	
Ersparnis der Haushalte	

Abbildung 29

Das Sparvolumen dient der Vermögensbildung; hieraus und aus den Abschreibungen können Investitionen getätigt werden.

6 Vermögensveränderungskonto

Anlage- und Vorratsinvestitionen der Unternehmen	Ersparnisse der Unternehmen
Anlage- und Vorratsinvestitionen des Staates	Ersparnisse des Staates
Finanzierungssaldo	Ersparnisse der Haushalte
	Abschreibungen der Unternehmen
	Abschreibungen des Staates

Abbildung 30

Dieser Finanzierungssaldo setzt sich zusammen aus den Finanzierungssalden der Unternehmen, des Staates und der Haushalte; diese können, ebenso wie der konsolidierte Saldo, positiv oder negativ sein; letzteres ist der Fall, wenn die Summe der Investitionen größer ist als die Summe der Ersparnisse und der Abschreibungen.

Das Konto der Forderungs- und Verbindlichkeitsveränderung erklärt für jeden Sektor, wie sich der Finanzierungssaldo zusammensetzt; schließlich ergibt er sich aus den in der Betrachtungsperiode eingetretenen Änderung der Forderungen und Verbindlichkeiten. Als **Beispiel** das Konto 7 der Unternehmen und des Staates:

71 Unternehmen

Änderungen der Forderungen	100	Änderungen der Verbindlichkeiten	120
		— Finanzierungssaldo (Defizit)	— 20

72 Staat

Änderungen der Forderungen	100	Änderung der Verbindlichkeiten	80
		+ Finanzierungssaldo (Überschuß)	20

Abbildung 31

Ist etwa der Finanzierungssaldo der Unternehmen (71) negativ, so bedeutet das, daß die Verbindlichkeiten dieses Sektors stärker zugenommen haben als die Forderungen; eine umgekehrte Entwicklung liegt vor, wenn etwa beim Staat (72) ein Finanzierungsüberschuß erzielt wurde.

Fragen:

8. Ermitteln Sie aus dem Bruttoproduktionswert das Volkseinkommen. Zeigen Sie die Entwicklung Schritt für Schritt auf!

9. Erläutern Sie das Gliederungsschema des Statistischen Bundesamtes für die volkswirtschaftliche Gesamtrechnung!

C. Die Zahlungsbilanz

Lernziel:

> Die Zahlungsbilanz ist eine wertmäßige Gegenüberstellung aller außenwirtschaftlicher Transaktionen eines Landes in einer Periode.
>
> Sie sollen nach der Durcharbeit dieses Abschnittes die Zahlungsbilanz in die Teilbilanzen auflösen und aufzeigen können, wie der Wechselkurs der Währung den Ausgleich der Teilbilanzen beeinflußt.

I. Die Zahlungsbilanz als Kontensystem

In einer offenen Wirtschaft erfolgt ein internationaler Güteraustausch.

Die Zahlungsbilanz erfaßt die ökonomischen Transaktionen, die zwischen In- und Ausland während einer bestimmten Periode durchgeführt werden; es handelt sich also um eine Ex-post-Bilanz.

Da der Außenhandel durch verschiedenartige Ströme gekennzeichnet ist, wird auch die Zahlungsbilanz in verschiedene **Teilbilanzen** aufgegliedert:

Die Handelsbilanz erfaßt die Warenexporte und -importe.

Handelsbilanz

Warenexporte	Warenimporte
	Saldo

Abbildung 32

Die Dienstleistungsbilanz erfaßt den Verkauf und den Kauf von Dienst- und Faktorleistungen.

Bei der Urlaubsreise eines Inländers werden Dienstleistungen des Auslands in Anspruch genommen; es handelt sich um einen Dienstleistungsimport. Das trifft auch dann zu, wenn inländische Güter von fremden Transportmitteln befördert werden. In dieser Bilanz sind auch Zinsen und Tantiemen zu buchen, die wir für ausländisches Kapital, das im Inland eingesetzt ist, zahlen müssen oder für im Ausland genutzte inländische Patente erhalten.

Dienstleistungsbilanz

Einnahmen aus Dienstleistungsexport	Ausgaben für Dienstleistungsimport
Saldo	

Abbildung 33

Werden Leistungen ohne Entgelt erbracht, so werden sie in der Übertragungs- oder Schenkungsbilanz aufgeführt:

Übertragungsbilanz

Empfangene, unentgeltliche Übertragung	Geleistete, unentgeltliche Übertragungen
Saldo	

Abbildung 34

Als Beispiel sei die Entwicklungshilfe genannt, sofern es sich nicht um Kredithilfe handelt. Liefert die BRD Fabrikanlagen oder landwirtschaftliche Geräte, so werden sie als Warenexporte und als geleistete, unentgeltliche Übertragungen gebucht.

Diese drei Teilbilanzen werden auch zur Leistungsbilanz zusammengefaßt.

Ein weiterer Bestandteil der Zahlungsbilanz ist die Kapitalverkehrsbilanz; sie ist unterteilt in die Bilanz des langfristigen und des kurzfristigen Kapitalverkehrs; die Zeitgrenze ist die Dauer von einem Jahr.

In der Kapitalverkehrsbilanz werden die von einem Land in einer Periode empfangenen und geleisteten Zahlungen gegenübergestellt, die nicht direkte Gegenleistungen für Warenlieferungen und Dienstleistungen und keine Erträge aus Auslandsinvestitionen sind.

Bilanz des langfristigen Kapitalverkehrs

Langfristige Verbindlichkeiten gegenüber dem Ausland Zunahme/Abnahme	Langfristige Forderungen gegenüber dem Ausland Zunahme/Abnahme
Saldo	

Bilanz des kurzfristigen Kapitalverkehrs

Kurzfristige Verbindlichkeiten gegenüber dem Ausland Zunahme/Abnahme	kurzfristige Forderungen gegenüber dem Ausland Zunahme/Abnahme
Saldo	

Abbildung 35

Wurden die zuvor an Entwicklungsländer gelieferten Güter nicht geschenkt, sondern etwa langfristig kreditiert, so würde die Gegenbuchung auf der rechten Seite der Bilanz des langfristigen Kapitalverkehrs erfolgen.

Dritter Schwerpunkt der Zahlungsbilanz ist die Devisenbilanz.

In der Devisenbilanz werden Bestandsveränderungen von Devisen und Gold erfaßt, soweit sie im Besitz der Bundesbank sind.

Veränderungen der Devisenforderungen oder -verbindlichkeiten anderer inländischer Wirtschaftseinheiten werden dagegen auf dem Konto des kurzfristigen Kapitalverkehrs gebucht.

Die Devisenbilanz hat somit einen institutionellen Charakter; es handelt sich um das „Konto der Bundesbank". Dies wird deutlich, wenn man bedenkt, daß Devisen schließlich auch kurzfristige Kredite sind.

Devisenbilanz

Zunahme/Abnahme von Verbindlichkeiten gegenüber dem Ausland	Zunahme/Abnahme von Gold und Devisen (Forderungen gegenüber dem Ausland)
Saldo	

Abbildung 36

Geht man nun davon aus, daß auch in der Zahlungsbilanz der Grundsatz der doppelten Buchführung Anwendung findet, so müßte sie nach Addition der Salden ausgeglichen sein. In der Praxis ist dies jedoch nicht der Fall; der Grund hierfür liegt darin, daß nicht alle Transaktionen voll, insbesondere ihre Gegenbuchungen, erfaßt werden können.

Dies gilt vor allem für den Warenexport und -import; in diesem Zusammenhang dem Ausland gewährte oder vom Ausland erhaltene Kredite werden nicht in einem Zuge miterfaßt. Aus diesem Grund verbleibt in der Zahlungsbilanz regelmäßig ein „Saldo der statistisch nicht aufgliederbaren Transaktionen".

II. Wechselkurs und Zahlungsbilanzgleichgewicht

Nach den vorausgegangenen Erklärungen steht fest, daß die Zahlungsbilanz immer ausgeglichen ist; die Position „statistisch nicht aufgliederbare Transaktionen" ist kein willkürlicher Saldo, sondern beruht lediglich auf der Tatsache, daß die Art der Gegenleistung bei verschiedenen Transaktionen nicht bekannt ist.

Man erfährt gelegentlich von einem Zahlungsbilanzüberschuß oder -defizit, von aktiver oder passiver Zahlungsbilanz, Begriffe also, die nicht korrekt sind. Gemeint sind in Wirklichkeit ungleichgewichtige Teilbilanzen, sei es die Leistungs-, Kapitalverkehrs- oder Devisenbilanz.

Ist eine dieser Teilbilanzen ausgeglichen, gilt dies nicht zwingend für die übrigen. Denkbar ist, daß die Devisenbilanz ausgeglichen ist, die Leistungsbilanz aber einen Aktivsaldo aufweist (es werden mehr Güter und Dienstleistungen ex- als importiert); in dem Falle erfolgt ein Ausgleich durch Kapitalexport, der die Forderungen gegenüber dem Ausland erhöht oder die Verbindlichkeiten mindert. Im umgekehrten Falle würde ein Kapitalimport einen Passivsaldo der Leistungsbilanz ausgleichen. Ebenso ist es möglich, daß sich keine Teilbilanz im Gleichgewicht befindet; dann tragen alle Salden zum Ausgleich bei. Bsp.: Aktivsaldo der Leistungsbilanz; er kann teilweise ausgeglichen werden durch Kapitalexportüberschuß und Devisenüberschuß. Damit stellt sich die Frage nach den Ursachen von Teilbilanzungleichgewichten. Im wesentlichen beruhen sie darauf, daß jeder dort kauft, wo er die Ware am billigsten erhält, und seine Produktionsfaktoren (im internationalen Handel besonders das Kapital) anbietet, wo er die höchsten Entgelte erzielt.

Beispiel:

> Sind bestimmte inländische Güter besser oder billiger, haben die Unternehmen günstige Exportchancen; ihre Erlöse in Fremdwährung (Devisen) aus dem Auslandsgeschäft bieten sie zum Austausch gegen DM an.
>
> Umgekehrt werden preiswertere Güter des Auslands importiert; um sie zu bezahlen, wird die jeweilige ausländische Währung gegen DM nachgefragt.

Für einen Ausgleich von Devisenangebot und Devisennachfrage ergeben sich mehrere Möglichkeiten.

Die Austauschverhältnisse zwischen Währungen können national oder international festgelegt werden; man spricht dann von **fixen Wechselkursen**.

Der Wechselkurs gibt den Preis einer inländischen Währungseinheit in ausländischer Währung an (Bsp.: 1 DM = 0,5555 US-Dollar, = 3,3333 FF); er ist zu unterscheiden vom Devisenkurs, bei dem der Preis einer ausländischen Währungseinheit in inländischer Währung ausgedrückt wird (Bsp.: 1 US-Dollar = 1,80 DM, 100 FF = 30,00 DM).

In der Bundesrepublik geben die Notierungen der Devisenbörsen den Devisenkurs an.

Der Wechselkurs kann aber auch **variabel** sein, d. h., er schwankt je nach Angebot und Nachfrage. Wie Angebot und Nachfrage den Preis, hier den Preis für die Fremdwährung, beeinflussen können, erfahren Sie im Beitrag „Markt und Preis". Diese Schwankungen können unbegrenzt oder begrenzt sein. Im letztgenannten Falle werden die Paritäten der einzelnen Währungen festgelegt sowie ein Bereich, innerhalb dessen die tatsächlich an der Börse gezahlten Kurse schwanken können; man spricht von einer **Bandbreite** zulässiger Schwankungen, die in Prozentwerten der Parität ausgedrückt wird.
schwanken können; man spricht von einer **Bandbreite** zulässiger Schwankungen, die in Prozentwerten der Parität ausgedrückt wird.

Hat die Kursentwicklung diese Abweichungsgrenzen erreicht, so hat die Währungsbehörde (in der Bundesrepublik die Bundesbank) einzugreifen. Liegt z. B.

die Parität des Dollars bei 1,80 DM, so kann der Kurs bei einer ± 2 %igen Bandbreite zwischen 1,836 DM und 1,764 DM schwanken. An diesen Interventionspunkten muß die Notenbank eingreifen. Am oberen Interventionspunkt (2,65 DM), an dem die Dollarnachfrage über das Angebot hinausgeht, hätte die Notenbank aus ihren Beständen Dollar anzubieten; droht dagegen der Dollar unter 2,55 zu fallen (unterer Interventionspunkt), müßte die Notenbank Dollar nachfragen.

Je größer die Bandbreite ist, um so mehr trägt sie zur Verminderung von Teilbilanzungleichgewichten bei.

Beispiel:

Nimmt man an, daß ein Gut in der Bundesrepublik billiger ist als im Ausland, so werden Ausländer verstärkt bei deutschen Unternehmen nachfragen; entsprechend hoch ist das Devisenangebot (oder die DM-Nachfrage). Besteht angesichts des höheren Preisniveaus im Ausland kaum Importinteresse, so ist die Devisennachfrage (oder das DM-Angebot) gering. **Bei festen Kursen** wird ein Exportüberschuß entstehen, der zu einem Aktivsaldo der Leistungsbilanz führt; in gleichem Maße werden Überschüsse auf den Passivseiten der Kapitalverkehrs- und Devisenbilanz entstehen. Eine derartige Entwicklung wird auch eintreten, wenn in einzelnen Ländern das Preisniveau sich unterschiedlich verändert. Dort, wo die Preise stärker steigen, nimmt die Kaufkraft des Geldes stärker ab. Fixe Wechselkurse tragen dieser Tatsache jedoch keine Rechnung, denn: Kursgleichungen sind keine Kaufkraftgleichungen. Die Folge ist, daß sich die Nachfrage vom teureren Land zum billigeren verlagert, dort wird das Beschäftigungsniveau verbessert, zugleich aber das außenwirtschaftliche Gleichgewicht und die Geldwertstabilität gefährdet. Im Importland würde die Nachfrage zurückgehen und damit die Produktion und die Beschäftigung verringern. Da sich kein moderner Industriestaat eine dauerhafte hochprozentige Arbeitslosigkeit leisten kann, müßten (meist kreditfinanzierte) Staatsaufträge die Nachfragelücke schließen, zumindest so lange, bis man sich entschließt, eine neue Währungsparität zu fixieren, die den Kaufkraftverhältnissen der Länder eher entspricht.

Bei variablen Wechselkursen erübrigen sich derartige Maßnahmen. Hier bestimmen das täglich sich ändernde Angebot und die Nachfrage auf den Devisenmärkten den Kurs, ohne daß seitens einer Währungsbehörde ein Zwang besteht einzugreifen und Kurspflege zu betreiben; dies schließt nicht aus, daß, meist aus politischen Gründen, gelegentlich entsprechende Maßnahmen ergriffen werden.

Wählt man die zuvor angenommene Ausgangssituation, in der das inländische Preisniveau weniger steigt als das ausländische, so führt die übermäßige Nachfrage des Auslands nach inländischen Gütern und, um diese zu bezahlen, nach inländischer Währung zu einem Kursanstieg und damit zur Verteuerung. Dadurch werden die Inlandsgüter für den Ausländer teurer; denn er muß einen größeren Betrag von seiner Währung hergeben, um einen bestimmten Betrag der Fremdwährung zu erhalten. Man spricht von einer Aufwertung der inländischen Währung. Das aber bedeutet umgekehrt, daß der Inländer die für seine Einfuhrgüter notwendigen Devisen billiger bekommt oder für den gleichen Betrag inländischer Währung mehr ausländische Waren kaufen, mehr importieren kann.

Für die Zahlungsbilanz hat dies folgende Konsequenzen; anders als bei fixen Wechselkursen, bei denen unterschiedliche Preisniveaus im In- und Ausland zu teilweise beachtlichen Teilbilanzsalden führen können, wirken variable Wechselkurse bilanzausgleichend.

Die Verteuerung inländischer Güter für den Ausländer durch den Wechselkursanstieg wird zu einer verringerten Exporttätigkeit führen. Umgekehrt wird die Importnachfrage über das sonst zu erwartende Maß steigen. Beide Tendenzen führen aber unter gewissen Voraussetzungen zu einer Minderung des Leistungsbilanzüberschusses. Diese Saldenänderung der Leistungsbilanz schlägt sich auch im Saldo des Kapitalverkehrs- und Devisenbilanz nieder, in unserem Falle wird der Überschuß der Kapitalverkehrs- und Devisenbilanz ebenfalls zurückgehen.

Eine entsprechende Entwicklung tritt bei einer Abwertung ein. Nimmt man an, daß inländische Unternehmer im Ausland investieren wollen und sich dazu die notwendigen ausländischen Geldmittel auf dem Devisenmarkt beschaffen, so wird diese verstärkte Nachfrage den Wechselkurs der Inlandswährung senken. Die Folge wäre eine verbesserte Exportsituation für Güter und Dienstleistungen und abnehmende Importnachfrage. Ersteres würde die Rentabilität inländischer Unternehmen verbessern, den Kapitalexport zu Investitionszwecken möglicherweise aber reduzieren.

Generell haben variable Wechselkurse den Vorteil, Ungleichgewichte, die aus unterschiedlichen Entwicklungen der Kaufkraft nationaler Währungen resultieren, auszugleichen. Ob dies wirtschaftspolitisch immer erwünscht ist, hängt von politischen Prioritäten ab. Dominieren beschäftigungs- und wachstumspolitische Ziele gegenüber der Währungsstabilität, so wird durch Unterbewertung der inländischen Währung der Export verbilligt und folglich steigen, der Import verteuert und mithin zurückgehen; beides steigert die gesamwirtschaftliche Nachfrage, dadurch das Beschäftigungsniveau und das Einkommen. Diese Entwicklung wird jedoch nur so lange Bestand haben, wie sie die Erreichung der vom Ausland festgelegten wirtschaftspolitischen Ziele nicht beeinträchtigt. Strebt auch das Ausland einen höheren Beschäftigungsstand an, so kann dies durch zunehmende Importe vereitelt werden; denn was dem einen Land nützt, schadet in diesem Falle dem anderen. Je nach ordnungspolitischer Konzeption werden dann Gegenmaßnahmen ergriffen (Wechselkursänderung, Importkontingentierung, Exportsubventionen, Devisenbewirtschaftung u. a.), die den Nachfragetrend bremsen, u. U. auch umkehren.

Wir werden uns mit diesen Problemen immer wieder auseinandersetzen, an dieser Stelle wollten wir nur eine außenwirtschaftliche Betrachtung einleiten.

Fragen:

10. Die Zahlungsbilanz gliedert sich in Teilbilanzen. Erläutern Sie diese!
11. Erläutern Sie die Aussage: die Zahlungsbilanz ist immer ausgeglichen!
12. Zeigen Sie, wie sich in der Handelsbilanz eine Abwertung der Währung niederschlagen kann!

Antworten zu den Fragen

1. Durch die Aggregation von gleichartigen Wirtschaftseinheiten und -vorgängen werden diese auf ein überschaubares Maß reduziert.

2. Das Kreislaufschema ist eine optisch geschlossene Darstellung, die bei wenigen Polen und wenigen Strömen einen guten Überblick gibt. Werden hingegen mehrere Pole und mehrere Ströme in die Darstellung miteinbezogen, wird diese Darstellungsform schnell unübersichtlich.

   Die Darstellung des Wirtschaftsprozesses mit Hilfe von Konten ist aus dem System der doppelten Buchführung abgeleitet und somit eine dem Betriebswirt vertraute Darstellungsform. Auch hier gilt der Nachteil, daß bei der Betrachtung von einer großen Zahl von Polen, und somit Wirtschaftsvorgängen, die Zahl der Konten oft unüberschaubar groß wird.

   Bis heute hat sich die tabellarische Erfassung, oder auch Matrixform genannt, als die günstigste Darstellungsform erwiesen, da hier selbst bei einer großen Zahl von beteiligten Polen das Verhältnis der Wirtschaftseinheiten untereinander noch gut erkennbar ist.

3. Für alle am Wirtschaftsprozeß Beteiligten ist es wichtig, Anhaltspunkte über die zukünftige wirtschaftliche Entwicklung zu erhalten. Mit Hilfe der aus der Kreislaufanalyse gewonnenen Volkswirtschaftlichen Gesamtrechnung können Prognosen und Trendrechnungen zutreffender gestaltet werden.

4. Die nicht auf dem Markt absetzbaren Güter und Leistungen einer Unternehmung gehen in der Position „Bestandsveränderung halbfertiger und fertiger Erzeugnisse“ in das Produktionskonto der Unternehmung ein.

5. Hier liegt sogenanntes Entsparen vor. Der Sparbetrag auf der rechten Seite des Einkommenskontos des Haushaltes wäre um den Fehlbetrag negativ. Man spricht daher auch von „negativem“ Sparen.

6. Die Vorleistungen werden auf dem Produktionskonto der Unternehmung auf der rechten Seite gebucht. Die Vorleistung der einen Unternehmung ist für die andere Unternehmung ein Verkauf und wird dort auf der linken Seite des Kontos gebucht. Zieht man die Konten zusammen, heben sich die beiden Buchungen gegeneinander auf, ohne daß dadurch der Aussagewert des nationalen Produktionskontos berührt wird.

7. Zwischen beiden Aussagen besteht kein Widerspruch.

   Nimmt man an, daß zwischen realisiertem Sparen und geplanter Investition eine Lücke entsteht, dadurch daß die geplante Investition größer ist als das Sparvolumen, wird diese Lücke durch eine ungeplante negative Investition, d.h. eine Verminderung der Lagerbestände ausgefüllt.

8. Umsätze
\+ Selbsterstellte Anlagen
± Lagerbestandsänderung
Bruttoproduktionswert

Bruttoproduktionswert
— Vorleistungen
Nettoproduktionswert

Nettoproduktionswert
— Abschreibungen
Nettoinlandsprodukt zu Marktpreisen

Nettoinlandsprodukt zu Marktpreisen
— Indirekte Steuern
\+ Subventionen
Nettoinlandsprodukt zu Faktorkosten

Nettoinlandsprodukt zu Faktorkosten
± Saldo der Erwerbs- u. Vermögenseinkommen vom und an das Ausland
Nettoproduktionswert zu Faktorkosten (Volkseinkommen)

9. Die wirtschaftlichen Vorgänge der Sektoren Unternehmungen, Staat und private Haushalte werden in jeweils sieben Konten erfaßt.

Kontengruppe 1: Produktion von Waren und Dienstleistungen
Kontengruppe 2: Entstehung von Erwerbs- und Vermögenseinkommen
Kontengruppe 3: Verteilung von Erwerbs- und Vermögenseinkommen
Kontengruppe 4: Umverteilung von Einkommen
Kontengruppe 5: Verwendung der Einkommen
Kontengruppe 6: Vermögensbildung
Kontengruppe 7: Veränderung der Forderungen und Verbindlichkeiten

Darüber hinaus wird ein „zusammengefaßtes Konto der übrigen Welt (Konto 8) geführt, das alle wirtschaftlichen Vorgänge zwischen inländischen Wirtschaftseinheiten und der übrigen Welt enthält".

10. Die Zahlungsbilanz gliedert sich in die Handelsbilanz, in der Warenex- und -importe erfaßt werden;

die Dienstleistungsbilanz, die den Verkauf und den Kauf von Dienst- und Faktorleistungen über Landesgrenzen hinaus erfaßt;

die Übertragungsbilanz, in die Leistung ohne Entgelt vom und an das Ausland eingeht;

die Kapitalverkehrsbilanz, die empfangene und geleistete Zahlungen ausweist, die nicht direkt Gegenleistung für Warenlieferungen und Dienstleistungen und keine Erträge aus Auslandsinvestitionen sind;

die Devisenbilanz, die die Bestandsveränderung von Devisen und Gold angibt soweit sie im Besitz der Bundesbank sind.

11. Die Zahlungsbilanz ist die Konsolidierung aller Teilbilanzen und damit stets ausgeglichen.

Beispiel:

Die Devisenbilanz sei ausgeglichen. Die Leistungsbilanz weist einen Passivsaldo aus, es werden mehr Güter im- als exportiert. Um die Importe zu bezahlen, werden Kapitalimporte notwendig. Dadurch werden die Forderungen des Inlandes an das Ausland gesenkt oder die Verbindlichkeiten des Inlandes gegenüber dem Ausland erhöht.

Der Zuwachs der Importe wird in der Leistungsbilanz auf der rechten Seite gebucht. Der Kapitalimport wird auf der Kapitalverkehrsbilanz auf der linken Seite gebucht, und zwar wie in unserem Beispiel angenommen, in der gleichen Höhe. Insgesamt ist die Zahlungsbilanz damit wieder ausgeglichen. Bei gleichzeitigem Ungleichgewicht einzelner Teilbilanzen.

12. Durch die Abwertung sinkt der „Außenwert" der Währungen, d. h. es müssen nun mehr inländische Geldeinheiten hergegeben werden, um eine ausländische Geldeinheit zu erhalten bzw. es müssen weniger ausländische Geldeinheiten hergegeben werden, um eine inländische Geldeinheit zu erwerben. Dadurch werden die Importe für das abwertende Land teurer und sinken somit in der Regel. Inländische Waren werden für den Ausländer billiger zu erwerben sein, der Export wird in der Regel steigen.

In der Handelsbilanz wird somit das Defizit geringer oder der Überschuß höher oder ein Defizit in einen Überschuß umgewandelt.

Eine Abwertung wird somit tendenziell zur aktiven Handelsbilanz führen.

Literaturverzeichnis

Bartels, H.: Volkswirtschaftliche Gesamtrechnung, in: HdSW, Bd. 11, 1961.
Bombach, G.: Kreislauftheorie und volkswirtschaftliche Gesamtrechnung, Jb. f. Sozialwissenschaft, Bd. 11, 1960.
Brümmerhoff, Dieter: Gesamtwirtschaftliches Rechnungswesen, 2. Aufl., Köln 1982.
Föhl, C.: Geldschöpfung und Wirtschaftskreislauf, München 1955.
Haslinger, Franz: Volkswirtschaftliche Gesamtrechnung, München 1978.
Holub, Hans-Werner: Input-Output-Rechnung, München 1982.
Kraus, Willy: Volkswirtschaftliche Gesamtrechnung, Wiesbaden.
Krelle, W.: Volkswirtschaftliche Gesamtrechnung, 2. Aufl., Berlin 1967.
Marx, K.: Das Kapital, Bd. 2, Berlin 1961.
Richter, Rudolf: Volkswirtschaftliche Gesamtrechnung – Volkswirtschaftliche Finanzierung – Zahlungsbilanz, 2. Aufl., Wiesbaden 1982.
Schneider, E.: Einführung in die Wirtschaftstheorie, 1. Teil, Tübingen 1966.
Stobbe, A.: Volkswirtschaftliches Rechnungswesen, Berlin 1972.
Statistisches Jahrbuch für die Bundesrepublik Deutschland.

1. Auflage 1977
2., überarbeitete Auflage 1987

Ursprünglich erschienen bei Betriebswirtschaftlicher Verlag Dr. Th. Gabler GmbH, Wiesbaden 1987
Satz: Composersatz Ursula Ewert, Braunschweig.

ISBN 978-3-409-02115-9 ISBN 978-3-663-12864-9 (eBook)
DOI 10.1007/978-3-663-12864-9

www.ingramcontent.com/pod-product-compliance
Ingram Content Group UK Ltd.
Pitfield, Milton Keynes, MK11 3LW, UK
UKHW021501031026
15588UKWH00002B/944
* 9 7 8 3 4 0 9 0 2 1 1 5 9 *